세계사를 담은 도자기 이야기

세계사를 담은 도자기 이야기

—과거와 현재, 미래가 담긴 열두 점의 도자기

첫 번째 찍은 날 | 2023년 1월 12일
두 번째 찍은 날 | 2023년 12월 10일

지은이 | 강창훈
펴낸이 | 이명희
펴낸곳 | 도서출판 이후
편집 | 김은주
표지 및 본문 디자인 | A. Lance
ⓒ 강창훈, 2023

등록 | 1998. 2. 18.(제13-828호)
주소 | 10449 경기 고양시 일산동구 호수로 358-25(동문타워 2차) 1004호
전화 | 대표 031-908-5588 팩스 02-6020-9500
블로그 | http://blog.naver.com/dolphinbook
페이스북 | facebook.com/smilingdolphinbook
ISBN | 978-89-97715-83-1 03900

꽃의 걸음걸이로, 어린이와 함께 자라는 웃는돌고래

고갱이 지식 백과 13

과거와 현재, 미래가 담긴 열두 점의 도자기

강창훈 지음

세계사를 담은 도자기 이야기

웃는돌고래

차례

도자기로 살펴보는 세계사 이야기

박물관에 가면 옛 사람들이 사용한 수많은 유물들을 만나볼 수 있어. 돌을 깎아 만든 석기와 조각상, 금속으로 만든 공예품, 유리로 만든 잔, 나무로 만든 가구나 섬유로 만든 옷, 그리고 옛 그림과 글씨들까지. 그런데 하나 빼놓고 말하지 않은 것이 있어. 힌트는 박물관에서 가장 많은 양을 차지한다는 거야. 정답은, 바로 도자기!

다양한 모양과 무늬의 토기와 질그릇부터 청자와 백자까지, 박물관 전시실에 가면 화려한 조명 아래 서 있는 수많은 도자기들을 만나볼 수 있어. 관람객들은 옛 조상들의 지혜를 느끼기도 하고, 뛰어난 기술에 감탄하기도 하고, 아름다운 자태에 탄성을 지르기도 하지.

나도 도자기 보는 걸 무척 좋아해. 어떤 박물관에는 내 마음속에 '이건 내 꺼!' 하고 콕 정해 놓은 도자기도 있을 정도야. 그런데 도자기들을 볼 때마다 '좋다'에서 멈추지 않고, 가끔은 이런 생각까지 해 보곤 해. 이 도자기는 어떤 사람이 만들었을까? 어디에서 어떻게 쓰이다가 여기까지 온 걸까? 무슨 사연을 품고 있을까?

이런 궁금증을 가지고 도자기의 과거를 따라 여행하다 보면, 크고 작은 역사적 인물이나 흥미진진한 사건을 만나게 돼. '아하, 그렇구나' 깨닫고 나서 박물관에 와서 그 도자기를 다시 보면, 이제는 느낌이 확 달라 보이지. 친한 친구와 수다를 떨었던 기억을 한번 떠올려봐! 친구가 태어나서 지금까지 어떻게 살았는지 알고 나서 그 친구와 더 친해진 경험, 혹시 없었어?

이 책에서는 도자기가 품은 재미있는 이야기를 들려줄 거야. 한국, 중국, 일본을 비롯한 서아시아와 유럽, 그리고 전 세계의 대양에서 펼쳐지는 세계사지. 수만 년 전 구석기인이 만든 조각상부터 우주 왕복선 타일까지 모두 12편의 이야기를 준비했어.

먼 옛날부터 사람들은 도자기로 음식 먹고 요리하고 보관하고, 정치 활동과 전쟁을 하고, 종교 의례를 하고, 문화적 취향을 드러내고, 과학을 발전시켰어. 인류의 역사는 석기시대, 청동기시대, 철기시대로 이어진 걸로 흔히 알고 있지만, 실은 이 세 시대를 모두 합쳐 '도자기시대'라고 불러도 좋을 것 같아. 도자기는 석기시대에도, 청동기시대에도, 철기시대에도 존재했으니까.

도자기는 인류 역사에서 매우 중요한 교역품이었어. 대륙과 대양을 누비며 전 세계를 하나로 연결시켰지. 이 책을 읽고 나면 '실크로드' 말고 또 하나의 길 이름이 떠오르게 될 거야.

'세라믹로드(도자기의 길)'!

지금부터 도자기에 어떤 세계사가 담겨 있는지, 궁금증을 한번 풀어 볼까?

2023년 1월

강창훈

01
인류 최초의 도자기
- 돌니 베스토니체 여인상

조각상이 하나 있어. 좀 이상해 보이긴 하지만 사람인 것 같아. 남자일까, 여자일까? 가슴이 크고 둥근데 축 늘어져 있고, 엉덩이는 아주 넓적해. 여자 같아. 그런데 얼굴을 너무 성의 없게 만들었어. 눈만 팔八 자로 찍 홈을 파 놓고 코와 입, 귀는 아예 넣지도 않았어. 게다가 목은 자라목이야. 두 다리는 고작 줄 하나 그은 걸로 끝? 그럼 두 팔은? 뒷짐을 지고 있는 걸까?

이 여인상은 체코의 작은 마을 돌니 베스토니체에 있는 유적지에서 발견된 거야. 왜 이런 인물상을 만든 걸까? 사람의 실제 모습을 이렇게 과장해서 만든 이유가 뭘까?

이번에는 다른 인물상을 한번 보자. 이건 본 적이 있을지도 모르겠구나. 오스트리아의 빌렌도르프에 발견된 거야. '빌렌도르프의 비너스'라고 부르는 유명한 인물상이지. 그런데 좀 이상해. 비너스는 그리

스로마 신화에 나오는 사랑과 아름
다움의 여신인데, 사랑스럽지도 아
름다워 보이지도 않아. 그런데도 '비너
스'라는 이름이 붙은 이유가 있겠지?

　인물상을 이렇게 만든 걸 보
면, 당시 사람들은 이런 모
습을 가장 아름답게 여겼기
때문이 아닐까? 그래서 오
늘날 학자들이 그들의 기준에서
'비너스'라는 이름을 붙여 준 거
야. 미의 기준은 시대마다 다를 수
있는 거니까.

　하지만 새로운 학설을 제시하는 학
자들도 있었어. 빌렌도르프의 비너스
는 여성의 가슴, 엉덩이, 생식기가 특히 두
드러져 보이는데, 모두 임신과 출산에 중요한

© Wikimedia Commons

빌렌도르프의 비너스

역할을 하는 신체 부위야. 그러니 다산을 기원하기 위해 만든 인물상
이라는 거야. 생산력이 무척 낮았던 시절에는 아이를 많이 낳아 노동
력을 최대한 확보하는 것이 가장 중요했을 테니까.

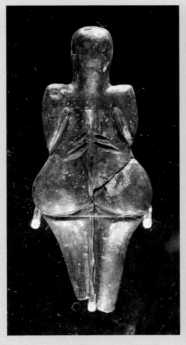

돌니 베스토니체 여인상의 뒷모습(왼쪽)과 옆모습   © Wikimedia Commons

이쯤에서 다시 돌니 베스토니체 유적의 여인상으로 돌아가 보자. 신체의 특정 부분을 강조한 것이 빌렌도르프의 비너스와 많이 비슷하지 않아? 얼핏 비슷해 보이지만 두드러진 차이점이 하나 있어.

돌니 베스토니체의 여인상을 보면, 상체와 하체 사이에 줄이 그어져 있어. 뒤를 보아도 마찬가지야. 상체와 하체를 구분하려고 그어 놓은 것 같아. 그런데 옆에서 보니 좀 이상하지 않아? 상체와 하체 사이가 선을 그은 것이 아니라 살짝 벌어져 있어!

이제야 말하지만, 사실 돌니 베스토니체의 여인상은 발견 당시 두 부분으로 분리되어 있었어. 게다가 30센티미터 정도 거리를 두고 서로 떨어져 있었지. 전문가가 복원을 해 놓아서 하나로 보이는 것일 뿐이야.

돌니 베스토니체 유적에서 발견된 건 이 여인상이 다가 아니야. 무려 6,750개가 넘는 조각이 무더기로 함께 발견되었지. 그중 절반 정도가 동물상이고, 인물상도 몇 개 있었다고 해. 그런데 이상한 점은 대부분이 깨진 채로 발견되었다는 거야. 왜 그럴까?

세상 만물의 근원을 품은 도자기

빌렌드로프의 비너스와 돌니 베스토니체의 여인상은 결정적으로 만든 재료가 달라. 앞의 것은 돌을 깎아 만들었고 뒤의 것은 점토로 빚어 불에 구운 거야. 이 차이는 그냥 단순한 차이가 아니야. 인류 문명의 발달사에서 레벨을 달리할 정도의 큰 차이지.

돌을 떼어내고 갈아서 만드는 것이나 동물 뼈와 나무를 깎고 다듬어 만드는 것은 재료의 '모양'을 바꾸는 거야. '물리적 변화'라고 하지. 그와 다르게 점토를 물을 이용해서 반죽하고, 모양을 만들고, 불에 굽는 것은 재료의 '성질'을 바꾸는 거야. '화학적 변화'라고 하지. 어떤 재료가 화학적으로 변화한다는 것은 물질을 구성하는 원자들이 분해되거나 재결합해서 처음과는 성질이 다른 물질이 되는 것을 뜻해.

인류는 오랜 시간 물리적 변화를 이용해 도구를 만들다가 점차 점토에 화학적 변화를 가해 도구를 만드는 방법을 터득했어. 이렇게 해서 만든 걸 '도자기'라고 불러. 돌니 베스토니체의 여인상도 일종의 도자기인 셈이지. 그러니 한마디로 말해 돌니 베스토니체의 여인상은 빌렌도르프의 비너스와 기술적으로 레벨이 다른 조각상인 거야.

도자기를 만들 때는 네 가지 요소가 필요해. 물, 불, 공기, 그리고 흙. 그런데 재미있는 사실이 하나 있어. 원소 주기율표를 떠올려 보자. 현재 지구상에는 120개 정도의 원소(2015년 기준 118개)가 있어. 그 중 자연계에 존재하는 원소가 92종이고, 나머지는 사람이 만든 거야. 앞으로 더 늘어날 수 있으니 120개 '정도'라고 해 두자.

원소가 이렇게 많다는 사실을 알게 된 건 겨우 2백 년 전의 일이야. 그전까지만 해도 2천 년이 넘게 사람들은 세상 만물이 단 네 가지 원소로 이루어져 있다고 믿었어. 그리스의 철학자 아리스토텔레스(기원전 384~322)가 주장한 4원소설을 오랫동안 당연시해 왔지. 그런데 사실 4원소설의 원조는 엠페도클레스(기원전 약 490~430)라는 사람이야.

그전에는 만물의 근원을 물이라고 주장하는 사람(탈레스)도 있었고, 공기(아낙시메네스), 불(헤라클레이토스)이라고 주장하는 사람도 있었어. 이들은 모두 고대 그리스의 철학자야. 그런데 엠페도클레스가 여기에 흙을 추가하며 이렇게 말했어.

"이 네 가지가 만물의 근본 물질이다!"

엠페도클레스는 어째서 물, 공기, 불에다 흙까지 떠올린 걸까?

고대 그리스인들은 도자기를 일상생활에서 사용하고 있었어. 엠페도클레스의 집에도 당연히 도자기가 있었을 텐데, 어느 날 갑자기 그에게 말을 걸어온 것 아닐까?

"나도 만물 가운데 하나야. 그런데 나를 만들려면 물, 공기, 불 말고 하나가 더 필요한데, 그게 뭘까?"

"아, 흙이다!"

엠페도클레스의 주장을 아리스토텔레스가 더욱 발전시켰고, 그의 4원소설이 2천 년 넘게 진리로 자리 잡았어. 그런데 놀랍게도 이 네 가지 원소를 모두 품은 것이 도자기였던 거야. 도자기가 이 세상 만물을 대표하는 선수라니!

문방구 점토가 도자기가 된다고?

도자기의 재료, 흙은 어떻게 만들어진 걸까? 지구가 탄생하는 과정부터 간단히 살펴보자꾸나.

빅뱅으로 우주가 탄생하고, 수많은 별들이 생겨났어. 태양도 그들 중 하나지. 태양에서 떨어져 나온 물질들이 서로 부딪치고 뭉치면서 행성들을 만드는 와중에 지구도 태어났어. 약 46억 년 전이었지.

지구의 처음 모습은 고체가 아니라 순전히 액체와 기체로 이루어진 덩어리였어. 기온이 낮아져 천천히 식으면서 지구 표면부터 고체가 되기 시작한 거야. 지구 표면을 우리는 땅껍질, 즉 '지각'이라고 부르잖아? 이것이 거대한 암석이 된 거지. 지구 전체의 암석 가운데 약 60퍼센트를 차지하는 것이 있는데, '장석'이라고 해. 바로 도자기의 주재료지.

지구는 약 20억 년 전부터 더욱 빠르게 식기 시작했어. 대기 중의 수증기가 응축되어 비가 되어 내렸는데, 큰 비가 몇백만 년 동안 지속되어 바다를 만들고 강을 만들었지. 물은 빗줄기의 모습으로, 물줄기의 모습으로, 그리고 빙하의 모습으로 지구 곳곳을 누비며 암석을 금가게 하고, 쪼개고, 녹이기까지 했어. 그 과정에서 암석이 수축과 팽창을 반복하며 점점 잘게 부서졌지.

식물과 동물도 동참했어. 나무는 바위틈 사이로 뿌리를 내리고 계속 뻗어 나가며 바위를 잘게 부수었고, 지렁이나 두더지 같은 땅속 동물들도 비집고 파고들며 힘을 보탰지. 이런 과정을 오래 거치며 바위가 돌이 되고 더 나아가 흙이 되었어. 드디어 도자기 재료로서 모습을 갖추게 된 거야.

하지만 흙이라고 해서 다 도자기가 될 수 있는 건 아니야. 흙은 입자의 크기에 따라 크게 세 가지로 나눌 수 있어. 자갈 〉 모래 〉 진흙. 이 중에서 입자가 가장 작은 흙이 진흙이야. 그런데 진흙은 입자가 큰 실트와 입자가 작은 점토(찰흙)로 구분돼. 지구 암석의 60퍼센트를 차지하는 것이 장석이라고 했지? 이 장석이 바위, 돌, 자갈, 모래의 단계를 거쳐 입자가 가장 작은 점토가 되는데, 이것이 바로 도자기의 재료야. 이름을 '점토'라고 한 건, 점력이 있는 흙이라서 그래. 점력은 끈끈하고 차진 힘이나 기운을 뜻해. 점력이 있어야 모양을 빚을 수 있어. 문방구에서 파는 찰흙이 점토야.

점토에는 세 가지 성질이 있어. 미술 시간에 점토로 무언가 만들어 본 적 있지? 그때의 기억을 떠올리며 생각해 보자. 첫째, 점토는 물에 반죽해서 원하는 모양을 빚은 뒤 가만 놔두면 시간이 지나도 그 모습을 그대로 유지하는 성질이 있어. 둘째, 점토는 수분이 빠지면 딱딱해지는 성질이 있어. 점토로 만든 작품을 며칠 놔두었는데 돌처럼 딱딱해졌던 거 기억나지? 셋째, 이건 수업 시간에 해 볼 수 없었겠지만, 점토는 열을 가해 일정 온도에 이르게 하면 액화가 돼. 입자와 입자들이 서로 바짝 붙어 엉기는데, 그 상태에서 온도를 낮추면 다시 고체가 되면서 이전보다 더 단단해지지.

점토는 이런 성질이 있기 때문에 도자기의 훌륭한 재료가 될 수 있는 거야.

불속에 두었더니 흙이 굳었다!

흙 혼자서는 도자기가 될 수 없어. 불의 도움이 꼭 있어야 해. 흙의 화학적 성질을 변화시켜 도자기를 탄생시킨 것이 바로 불이야.

인류가 불의 존재를 처음 안 건 구석기시대야. 그건 우연이었어. 자연 현상으로 생겨난 산불이나 벼락으로 인한 불이었겠지. 처음엔 정말 무서웠을 거야. 동식물이 불에 타는 모습을 보았으니, 끔찍하기도 했겠고. 사랑하는 가족을 잃었을지도 몰라. 그러나 같은 일을 겪으면서 화재 피하는 법을 알게 됐을 거야. 그리고 오히려 불에 좋은 점도 있다는 사실을 깨달았겠지. 구석기인들이 깨달은 불의 장점은 두 가지였어.

"불은 빛과 열이 있다!"

불의 빛으로 야수의 공격을 막을 수 있고, 불의 열로 한겨울 추위를 막을 수 있다는 걸 깨달았겠지. 구석기인들은 불을 새로운 분야에 응용했을 거야. 가장 중요한 것이 요리 아니었을까? 음식을 불에 익혀 먹으니 날것으로 먹는 것보다 여러 모로 이롭다!

"음식을 익혀 먹으면 먹을 수 있는 재료의 가짓수가 늘어난다! 영양 섭취에 좋다!"

화학적 변화의 혜택을 깨닫는 순간이었지.

불의 진화는 계속되었어. 이런 상상을 해 보자.

어느 날 아침, 한 어린이가 일어나 보니 밤새 피웠던 모닥불이 다 꺼져 있는 거야. 아이는 장난삼아 남은 나뭇재를 파헤쳤어. 그러다 이상한 걸 발견했지. 그건 딱딱하게 굳은 흙이었어.

이 작은 사건을 통해 구석기인은 흙에 열이 가해지면 딱딱하게 굳는다는 사실을 깨달았을 거야. 그러고는 이런 생각을 했겠지.

"내가 원하는 걸 만들어 볼까?"

구석기인은 그때부터 무언가를 능동적으로 만들기 시작한 건 아닐까? 그리고 그런 경험이 오랜 시간 축적되어 돌니 베스토니체의 여인상이 탄생할 수 있었던 걸 거야.

그 조각상들은 왜 깨져 있었을까?

　돌니 베스토니체 유적지에서는 여인상뿐 아니라 수많은 동물상과 인물상이 발견되었는데 대부분 깨져 있었어. 그 이유는 무엇일까? 어떤 학자는 당시 사람들이 일부러 깼을 거라고 생각해. 불에 굽는 과정에서 온도가 일정 정도까지 올라가 터질 때까지 일부러 놔두었다는 거야. 이상하지? 기껏 만들어 놓고 터트린다고? 그 과정 자체를 하나

돌니 베스토니체 유적지에서 발견된 동물상과 점토 조각들

의 종교 행위나 예술 행위로 여겼다고 해석하는 거야. 또 어떤 학자는 완성시킨 뒤에 일부러 부쉈을 거라고 추측하기도 해. 가마터 유적지에서 도공들이 일부러 도자기를 깨트린 흔적이 많이 발견되기 때문에 그런 추측을 하는 거지.

"이건 마음에 들지 않아. 실패!"

돌니 베스토니체에서 발굴된 동물상과 인물상이 깨져 있는 것도 도공이 자기 기준에 미치지 못하는 도자기를 깨트린 것과 같은 이유였을까? 그건 아니었을 것 같아. 기술이 발달하지 않았던 그때, 마음에 좀 들지 않는다고 깨뜨리기엔 좀 아까웠을 것 같아. 적정 온도를 넘어서면서 자연히 깨져 버렸다고 봐야 할 것 같아.

그럼, 발견된 것들 중에 완전한 모습의 조각상이 많지 않은 까닭은 뭘까? 이동 생활을 주로 했던 구석기인들이니 잘 만들어진 것만 챙겨 가고 나머지는 버려두어 그렇게 남아 있는 것 아닐까 하고 짐작할 따름이야.

02

도자기시대의 개막
- 빗살무늬토기

신석기인들이 만든 토기야. 높이가 거의 40센티미터나 되고 바닥이 총알 머리처럼 뾰족한 걸 보니 밥그릇은 아닌 것 같아. 아마도 음식을 저장하는 데 사용한 것 아닐까?

그럼, 이 그릇은 어떻게 만들었을까? 반죽한 점토를 길쭉하게 가래떡처럼 뽑아서 원을 그리듯 둥글게 감아올려 모양을 잡았는데, 방식이 두 가지였을 것 같아. 하나는 지름이 다른 고리들을 만들어 차곡차곡 쌓는 방식이고, 또 하나는 긴 줄의 형태로 나선형 계단 오르듯 감아올리는 방식이야. 높이 올라갈수록 원의 지름을 줄여 나가면 마침내 원이 완전히 사라지겠지? 이렇게 고깔모자 모양을 완성한 뒤에 물구나무 서 있는 걸 바로 세우면 끝!

이제 그릇의 안과 밖을 다듬을 차례야. 한 손은 바깥쪽에, 한 손은 안쪽에 마주 대고 살짝살짝, 고루고루 눌러 주어야 해. 흙의 입자들 사이에 빈틈이 사라지면서 그릇 모양이 되는 거지.

다음은 불에 구울 차례야. 땅바닥에 그릇 모양의 형체를 놓고 그 위에 장작을 얹어 모닥불을 피우듯이 굽는 거지. 온도를 600~800도 정도까지 끌어올리면, 적갈색의 토기 완성!

이제 완성된 토기를 좀 더 관찰해 볼까? 몸통에 길고 짧은 선으로 여러 가지 무늬들이 잔뜩 새겨져 있어. 아주 촘촘하게 말이야. 선도 보이고 점도 보이고 점선도 보이는구나. 머리를 빗을 때 쓰는 빗 있지? 그것의 살 자국 같아서 '빗살무늬토기'라고 불러.

그런데 이상한 점이 있어. 이 토기는 감상하려고 만든 예술 작품이라기보다는 음식 보관용으로 만든 것 같은데, 왜 이런 무늬를 고생스럽게 새긴 걸까?

"예쁜 그릇에 담으면 더 맛있어 보이겠지!"

빗살무늬토기의 홈과 구멍   ⓒ 국립중앙박물관

이런 생각이었을지도 몰라. 그러나 다른 이유가 숨어 있다고 보는 학자들도 있어.

우리, 앞 글에서 말한 점토의 성질 세 가지를 떠올려 보자. 그중 세 번째 성질이 뭐였지? 불에 구우면 점토가 액화되어 입자와 입자가 더욱 강하게 결합한다고 했지?

빗살무늬토기를 제작할 때만 해도 기술적으로 온도를 800도 이상 끌어올릴 수 없었어. 액화의 정도가 약할 수밖에 없었지. 토기를 단단하게 하려면 다른 조치가 필요했을 거야. '빗살무늬'를 새긴 이유가 여기에 숨어 있어.

굽기 전 겉면에 홈을 파 놓으면, 굽는 과정에서 입자와 입자의 결합력을 좀 더 높일 수 있었다는 거야. 그래서 홈을 팠는데, 기왕 팔 거면 보기 좋게 파자는 생각으로 이런 무늬를 새긴 것 같아.

빗살무늬토기는 만드는 데 특별한 기술이 필요해 보이지는 않아. 그러나 신석기인들에게는 만들기도 어렵고 시간도 많이 걸리는 귀한 물건이었지. 그런 사실을 간접적으로 보여 주는 것이 있어. 토기 아랫부분에 난 구멍들이야.

시간이 흐르면서 자연스럽게 생긴 구멍 같지는 않아. 크기가 서로 비슷하고 깔끔한 것이, 일부러 뚫은 게 분명해. 학자들은 토기가 깨져 끈으로 묶어서 사용한 흔적이라고 해. 깨진 토기를 버리지 않고 고쳐

서 사용했다는 사실을 통해서, 당시 토기는 만들기 어려운 귀한 물건이었음을 짐작할 수 있지.

신석기시대의 대표 선수, 토기

서울 용산에 있는 국립중앙박물관에 가 본 적 있어? 상설전시장 건물 1층 기다란 복도로 들어서면 오른쪽에 가장 먼저 보이는 것이 선사 · 고대관이야. 구석기시대부터 통일신라 · 발해까지 우리나라의 다양한 유물이 전시되어 있지.

전시실 입구의 벽면 가득 그려진 울산 반구대 암각화 복원 그림을 보면서 오른쪽으로 몸을 돌리면, 교과서에서 흔히 보는 주먹도끼 하나가 화려한 조명을 받으며 우리를 반갑게 맞이해.

"여기서부터 구석기시대 전시실입니다."

꼭 이렇게 안내하는 것 같아. 작은 공간에 전시된 작은 유물이라 먼저 온 관람객이 구경이라도 하고 있으면 가려져서 보이지 않을 때도 있지만 말이야.

아무튼 왼쪽 방으로 돌아 들어가면 구석기 유물들이 쫙 나와. 돌로 만든 도구들이 방에 한가득 늘어서서 존재감을 과시하는 가운데, 동물 뼈나 나무로 만든 도구들도 보여.

구석기시대 유물들을 보며 이런저런 생각에 잠긴 채 바로 옆방으로 건너가는 순간, 우리는 수십만 년 구석기시대를 훌쩍 뛰어넘어 어느새 신석기시대에 도착해 있어. 전시실 입구 왼쪽으로 몸을 돌리면 많이 본 듯한 유물이 우리를 맞이해. 갈돌과 갈판이야.

중·고등학교에 가면 역사 시간에 달달 외워야 하는 것이 하나 있어. 구석기시대와 신석기시대를 비교하는 표!

"구석기는 뗀석기, 신석기는 간석기…."

구석기시대의 주먹도끼는 뗀석기이고, 신석기시대의 갈돌과 갈판은 간석기야.

신석기시대 전시실의 대표 선수는 누가 뭐래도 토기야. 다양한 모양의 토기들이 한쪽 벽면에 빼곡하게 늘어서 있는 가운데, 전시실의 정중앙에 떡 하니 서서 존재감을 뽐내고 있는 토기가 있어. 바로 빗살무늬토기야. 그래서 이렇게 외워야 하지.

"신석기시대에는 간석기와 토기를 만들었다…."

그러나 책에서 보았을 때도 그렇고 실물을 보아도 그렇고 별로 감동이 느껴지지 않아. 해설해 주시는 선생님이 토기들의 모습과 무늬의 아름다움, 기술적인 측면에 대해 설명하면 겉으로는 "아하!" 하고 고개를 끄덕이지만, 지금의 그릇과 비교하면 수준이 형편없어 보이거든.

토기는 지금 우리 눈으로 보면 '먼 옛날 사람들이 사용하던 그렇고 그런 도구'에 지나지 않아. 그러나 우리가 이런 생각을 하면 신석기인들이 서운하게 생각할 거야.

앞 글에서 이야기한 것처럼, 석기는 물리적 변화로 만든 도구라면 토기는 화학적 변화로 만든 도구야. 석기와 비교할 때 토기는 수준이 전혀 다른 도구지.

다만, 한 가지 알아 둘 것이 있어. 역사의 무대를 우리나라에서 세계로 넓혀 보면, 도자기가 처음 출현한 것은 구석기시대 후기야. 돌니베스토니체의 여인상이 그 무렵에 만들어진 도자기지. 반면 우리나라에서는 구석기시대의 도자기가 지금까지는 발견된 적이 없어. 우리나라 최초의 도자기는 신석기시대의 것이야.

또 하나 알아 둘 것! 당연한 말이지만, 토기는 우리나라 신석기시대에만 있었던 건 아니야. 토기의 제작과 사용은 전 세계의 신석기시대에 나타났던 현상이지.

그럼, 현존하는 가장 오래된 신석기시대 토기는 어디에서 나왔을까? 인류의 발상지 아프리카도 아니고, 세계 4대 문명의 발상지 메소포타미아, 이집트, 인도, 중국도 아니고, 근대 이후 세계사를 주도한

조몬 토기

© Wikimedia Commons

유럽도 아닌, 바로 이웃 나라 일본에서 발견되었어.

1959년 가나가와 현 요코스카 시의 한 조개무지에서 발견되었는데,
무려 1만 2천 년 전의 것으로 추정될 정도로 오래된 것이었지. 일본
인들은 이 토기를 '조몬 토기'라고 불렀어. 토기 표면에 새끼줄 무늬

가 새겨져 있어서 한자로 '승문繩文' 토기라 하는데, 일본어로는 '조몬'이지. 무늬를 새겼다는 점에서 빗살무늬토기와 비슷하지?

토기의 식생활 개선 효과

신석기인은 토기를 주로 그릇으로 사용하기 위해 만들었어. 도구를 나타내는 '기器'라는 글자가 맨 처음에는 '그릇'이라는 뜻을 지녔다는 것만 봐도 알 수 있지. 박물관에 전시된 신석기시대 토기들을 보면 대부분 그릇이야.

신석기인들은 인류 역사상 최초로 농경과 목축을 했어. 그러나 그건 주로 신석기 후기의 일이고, 신석기 초기만 해도 수렵과 어로, 채집의 비중이 높았어. 하루하루 살아가는 데 급급했지만 이런 날도 있었을 거야.

"오늘은 먹을 것이 많아! 배부르게 먹어 보자!"

모두가 신이 나서 음식에 달려드는데, 이런 사람도 있었을 거야.

"안 돼! 며칠 전에도 먹을 거 없어서 하루 종일 쫄쫄 굶었잖아! 그때 고생한 거 기억 안 나?"

이런 기억을 떠올리고는 음식을 저장해 두기로 했을지도 몰라.

"남은 음식을 넣어 둘 그릇이 있었으면 좋겠다!"

신석기인들은 토기의 존재를 몰랐을 때는 어떻게 했을까? 나뭇가지나 동물의 뼈를 얼기설기 엮어 바구니 모양으로 그릇을 만들어 음식을 보관했을지도 몰라. 비가 오면 물에 젖기 십상이지만, 없는 것보다는 나았겠지.

그러던 어느 날, 비가 와서 젖은 바닥의 진흙이 나뭇가지로 만든 바구니에 잔뜩 묻었어. 그날 저녁 모닥불을 피웠는데, 그 불이 번져 우연히도 진흙 묻은 바구니에 옮겨 붙었지. 그 다음날 살펴보니 나뭇가지는 타 버리고 대신 진흙이 그릇 모양으로 딱딱하게 굳어 있는 거야.

"이게 쓸 만하겠는걸!"

이렇게 해서 흙으로 그릇을 구우면 편리하게 쓸 수 있다는 걸 알게 됐을지도 몰라.

신석기인들은 농경을 시작하면서 토기 생산도 늘렸을 거야. 농사의 경우, 수확기가 되면 한꺼번에 많은 먹을거리를 얻을 수 있어. 하지만 다음 곡물을 수확할 때까지 아껴 먹어야 해. 식량을 저장하는 것이 더 중요해졌겠지.

토기 만드는 것이 점점 손에 익으면서 다양한 모양의 토기를 만들었을 거야. 저장이 아닌 다른 용도의 토기 제작도 시도했겠지. 음식을 요리할 때 쓰는 토기, 먹을 때 담는 토기, 운반할 때 쓰는 토기 등등 새로운 용도의 토기가 만들어지지 않았을까?

토기가 등장하기 전에는 요리 방법이 몇 가지로 제한되어 있었을 거야. 재료를 불에 직접 노출시켜야 했으니까 말이야. 그러나 토기를 냄비로 사용하기 시작하면서 끓이거나 졸이는 요리도 가능해졌지. 예전에는 질겨서 먹을 수 없었던 재료도 푹 삶으면 먹을 수 있었어. 그렇게 해서 새로운 영양분도 섭취했지.

물론 토기가 모든 걸 해결해 줄 수는 없었을 거야. 오늘날의 도자기와 비교하면 방수가 형편없었지. 물이나 국물이 들어간 음식을 담으면 새기도 많이 샜을 거야. 그래도 없는 것보다는 있는 것이 훨씬 나으니, 일단은 만족!

토기 밑바닥이 뾰족한 까닭

이 빗살무늬토기를 볼 때마다 이런 궁금증이 일어. 밑바닥이 왜 이렇게 뾰족할까? 대부분의 책에서는 신석기인들은 주로 강가나 바닷가에서 살았는데 땅바닥이 주로 모래로 되어 있으니, 묻어 세워 두기 좋게 밑바닥을 뾰족하게 만들었을 거라고 설명하고 있어.

바닥이 뾰족한 토기   © 국립중앙박물관   바닥이 편평한 토기   © 국립중앙박물관

하지만 여전히 납득이 잘 안 돼. 국립중앙박물관에 잔뜩 진열되어 있는 토기들을 보면 바닥이 뾰족한 것도 있지만 편평한 것도 있거든. 바닥이 편평한 토기는 왜 있는 걸까? 궁금한 점이 또 하나 있어. 바닥을 편평하게 하면 모래 위에 놓아 둘 때 토기가 더 잘 쓰러질까?

아무래도 다른 이유가 있는 것 같아. 가늘게 뽑은 점토를 둥글게 감아 만드는 토기 제작의 특성상, 바닥이 뾰족한 토기가 만들기도 쉽고 내구성도 더 좋았을 것 같아. 반면, 바닥이 편평한 것은 바닥면을 따로 만들어야 하는 불편함도 있고, 바닥과 몸통이 수직으로 붙어야 해서 접착력이 약했을 것 같아. 그래서 바닥이 편평한 것을 만들고 싶어도 기술이 모자라서 바닥이 뾰족한 토기를 먼저 만들기 시작한 것 같아. 그리고 기술이 나아지면서 점차 바닥이 편평한 토기의 제작을 늘려 나간 거라고 짐작돼.

신석기인들은 우리에게 토기는 남겼지만 "이 토기를 이런 이유로 뾰족하게 만들었어!"라는 설명은 남겨 주지 않았어. 그러니 우리는 마음껏 상상의 나래를 펴도 괜찮아. 빗살무늬토기를 보면서 나만의 학설을 주장해 보는 것도 재미있을 것 같구나.

03

신과 인간을 새긴 그릇
- 그리스 그림 도자기

가운데가 불룩한 도자기야. 양 옆에 손잡이가 살짝 보여. 그런데 그림이 그려져 있네?

두 사람의 모습이 보여. 등받이 없는 좁은 의자에 앉아서 낮은 탁자 위에 놓인 판을 커다란 눈으로 응시하고 있어. 둘 다 오른손 손가락 끝을 판 위에 올려 두고 있는 걸 보니, 함께 무언가를 하고 있는 것 같아. 주사위 놀이를 하는 걸까? 장기를 두고 있는 것 같기도 해.

이들은 뭐 하는 사람들일까? 옷만 봐서는 잘 모르겠어. 하지만 힌트가 있어. 왼쪽 사람은 투구를 쓰고 있고 오른쪽 사람은 그렇지 않지만, 등 뒤에 있는 무언가의 위에 투구를 올려놓았어. 아하, 전사로구나! 전투와 전투 사이 쉬는 시간에 보드게임 삼매경에 푹 빠져 있는 것 같아.

두 사람의 왼손이 재미있어. 둘 다 창을 잡은 채로 어깨 위에 걸치고 있지. 그것도 둘씩이나 말이야. 게임을 하면서도 긴장의 끈을 놓지 않고 있는 것 같아. 전령이 적의 공격 소식을 전하면 곧바로 떨쳐 일어설 태세를 갖추고 있는 거지.

이들은 누구일까? 왼쪽이 아킬레우스, 오른쪽이 아이아스야. 아킬레우스는 그리스 신화에 등장하는 영웅이야. 어머니는 신, 아버지는 인간이지. 어머니는 아들이 신처럼 영원히 죽지 않기를 바랐어. 몸을 담그면 영생할 수 있다는 스틱스 강물에 아기 아킬레우스의 몸을 담갔지.

"이제 안심이다. 내 아들은 영원히 살 거야!"

장성한 아킬레우스는 트로이 전쟁에 참전하게 되었어. 그리스 연합군과 트로이의 전쟁이야. 아킬레우스는 그리스 연합군 소속으로 트로이 함락의 선봉장을 맡았지. 그림에서 아킬레우스와 게임을 즐기는 아이아스는 아킬레우스에 버금가는 장수였어.

그런데 불행하게도 아킬레우스는 트로이와 싸우다가 전사하고 말아. 가만? 스틱스 강물에 몸을 담갔다면서? 그런데 왜 죽었지?

어머니가 아킬레우스의 몸을 강물에 담글 때 실수한 게 화근이었어. 자기 손으로 잡은 아킬레우스의 발꿈치 부분만 물에 닿지 않았는데, 트로이군이 쏜 화살이 하필 그곳을 명중시켰던 거야. 그때부터 발꿈치 힘줄에 '아킬레스건'이라는 이름이 붙었지. '아킬레스건'은 뜻이 더욱 확장되어, 어떤 사람의 가장 약한 부분을 가리키는 말로도 쓰이게 됐지.

아이아스는 아킬레우스의 시신을 수습하고 방패와 갑옷 등 유품을 챙겨 아군의 진영으로 돌아왔어. 자신이 세운 공을 내세우며 아킬레우스의 유품은 자신이 가져야 한다고 주장했지. 그러나 그리스 연합군의 대장 오디세우스가 거부하자 아이아스는 분을 못 참고 스스로 목숨을 끊고 말았어.

이 도자기의 그림은 실제 있었던 일을 그린 것인지는 알 수 없어. 다만, 화가가 두 사람의 각별한 인연을 떠올리며 그리지 않았을까 하고 후대 사람들은 생각하고 있지.

트로피는 왜 그릇 모양일까?

이 도자기는 기원전 500년경 고대 그리스인들이 만들어 사용하던 거야. 그들은 왜 그리스 신화의 내용을 도자기 표면에 그렸을까? 궁금증이 생기는데, 우선 이 도자기가 어떤 용도로 사용되었는지부터 살펴보자꾸나.

고대 그리스의 도자기는 지금까지 발견된 것이 약 8만 점이나 된다고 해. 모양도 무척 다양하지. 그래서 연구자들은 모양이 비슷한 것들

그리스 그림 도자기   © Wikimedia Commons

끼리 몇 가지로 분류하고 이름을 붙였어.

앞에서 보여 준 도자기는 '암포라'라고 해. 항아리 몸통이 크고 길쭉하고, 어깨 부분에 손잡이가 두 개 달린 도자기를 그렇게 불러. 주로 포도주를 담았다고 해. 고대 그리스인들의 술자리에는 이 암포라가 항상 있었을 거야.

그럼, 아킬레우스와 아이아스가 그려진 암포라를 놓고 술을 마신 사람들은 어떤 사람들일까?

이와 같이 정교한 그림이 새겨진 도자기는 아무나 쉽게 사용할 수 없었어. 그림을 그리는 데 시간도 많이 걸리고 구입하려면 돈도 많이 들었겠지. 당연히 특권계층이 사용했을 것 같은데, 그들은 어떤 직업을 가진 사람들이었을까? 신화 속 유명한 전쟁 이야기가 그려져 있는 걸 보면, 전사들의 술자리에 쓰인 것 아닐까?

술을 마시면서 이런 대화를 나누었을 것 같아.

"저번 전투 때 장군의 활약은 아킬레우스를 보는 것 같았습니다!"

"자네가 아이아스처럼 날 잘 보좌해 준 덕분이지, 하하하!"

술이 달아오르면 열띤 토론도 벌이지 않았을까?

"적은 왜 그렇게 쉽게 무너진 걸까? 병사는 우리보다 많았는데, 대형에 문제가 있었나?"

고대 그리스어에서 '술을 함께 마시다'를 '심포지엄symposium'이라고 했어. 오늘날 토론회나 좌담회 등을 열 때 '심포지엄'이라 부르곤 하는데, 그런 이유가 숨어 있어.

자, 그럼 전사들이 포도주를 마시며 왁자지껄 떠드는 장면을 다시 한 번 떠올려보자꾸나. 암포라에 담긴 포도주를 술잔에 따라 주거니 받거니 함께 마시는 모습 말이야.

항아리들을 살펴볼 때 주의할 점이 하나 있어. 항아리 중에는 '히드리아'라고 부르는 것도 있어. 암포라와 달리 두 개의 손잡이가 수평으로 달려 있어. 수직으로 달린 손잡이도 하나 있고 말이야. 아무래도

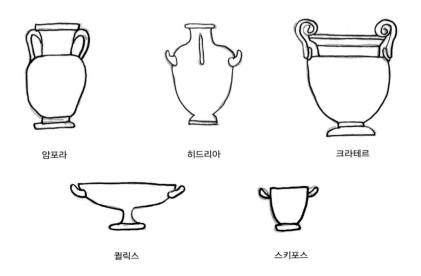

암포라   히드리아   크라테르

퀼릭스   스키포스

그리스 그림 도자기

운반하거나 액체를 따르기에 좀 더 편리하겠지? 그런데 히드리아는 주로 물을 담는 항아리였어. 히드리아는 왜 필요했을까? 술 마시다 보면 목이 마를 때가 있어서? 그런 이유도 물론 있겠지만 중요한 이유는 따로 있어.

사실 암포라에 담은 건 정확히 말하면 포도주 원액이야. 그대로는 너무 진해서 마실 수가 없지. 물과 섞어 마셔야 했기 때문에 히드리아가 필요했던 거야. 입구가 좀 더 넓은 '크라테르'에 둘을 부어 섞은 뒤 '퀼릭스'나 '스키포스'에 따라 마셨지.

도자기를 감상할 때는 표면에 새겨진 무늬나 그림뿐 아니라 생김새도 잘 살펴보아야 해. 당시 사람들이 어떤 용도로 사용했는지 상상하다 보면, 그들의 삶 속에 직접 들어가 보는 것 같은 생생한 느낌을 가질 수 있지. 물론 정답을 모를 수도 있지만, 이런저런 상상을 해 보는 것만으로도 재미있지 않아?

암포라는 올리브기름을 담는 데도 썼다고 해. 고대 그리스에서는 스포츠 경기 우승자에게 올리브기름을 담은 암포라를 상으로 주었어. 예를 들어, 아테네에서는 '판아테나이아'라는 이름의 제전이 4년마다 열렸고 다양한 종목의 스포츠 경기가 열렸어. 특히 전차 경주 종목 우승자에게는 올리브기름을 가득 채운 암포라를 무려 140점이나 상으로 준 적도 있다는구나. 그리스인들에게 올리브는 '물로 된 금'이라 불릴 정도로 귀한 것이었기 때문이야.

태권도나 피아노 경연 대회에 나가서 트로피 받아 본 적 있어? 모양을 보면 꼭 그릇처럼 생겼는데, 왜 그런 건지 궁금하지 않았어? 고대 그리스에서 상으로 주던 암포라가 조금씩 모양이 바뀌어 지금처럼 되었다고 해. 어때? 다시 보니 좀 비슷하지 않아?

그리스 도자기는 교과서였다

고대 그리스는 하나의 통일된 국가가 아니었어. 크고 작은 수많은 도시국가들로 이루어져 있었지. 지금 발칸반도라 부르는 곳과 주변 바다의 섬 지역에 바글바글 모여 있었어. 가장 대표적인 두 국가가 아테네와 스파르타야. 그리스 도시국가들은 지중해를 무대로 상업 활동을 활발하게 벌였는데, 도자기도 주요 수출품 가운데 하나였어.

지도를 봐. 발칸반도의 왼쪽에 긴 장화 모양의 반도 보여? 이탈리아반도야. 지금부터 약 2백 년 전에 이탈리아의 한 도시에서 도자기가 무더기로 발견되었어. 무려 3천 점씩이나! 고고학자들이 도자기들의 바닥에 새겨진 글자들을 살펴보고는 깜짝 놀랐어. 이탈리아반도에서 만든 것이 아니라 그리스의 아테네에서 온 것이었거든! 수입품이었던 거지.

당시 이탈리아반도 사람들이 도자기를 만들 줄 몰랐던 건 아니야. 그러나 귀족들은 무덤에 좀 더 수준 높은 도자기를 함께 묻고 싶었어. 색채가 화려한 그리스 도자기가 그들의 구미에 딱 맞았던 거지.

그리스 도자기는 서쪽의 이탈리아반도뿐 아니라 동쪽의 불룩 튀어나온 아나톨리아반도(지금의 터키) 해안으로도 수출되었어. '메이드 인 그리스' 도자기가 지중해의 도자기 무역을 꽉 잡고 있었던 거지.

고대 그리스의 도자기 수출

예술가들은 그리스 도자기를 어떻게 평가할까? 사실 지금의 예술가들에게 '그리스 미술' 하면 가장 먼저 떠오르는 건 도자기가 아니야. 파르테논 신전 같은 건축물이나 인물 조각상들이지. 그리스 도자기는 당시 대량 생산되었고 지금까지 8만 점이나 남아 있어 상대적으로 높이 평가하는 편은 아니야.

그렇다고 그리스 도자기를 무시해선 안 돼. 도자기에 새겨진 그림들 때문이야. 원래 그리스는 회화가 발전한 나라였지만, 현재 남아 있는 작품이 거의 없어. 그렇기 때문에 회화 작품을 직접 볼 수 없는 아쉬움을 도자기의 그림들이 달래 줄 수 있지. 특히 중요한 건, 도자기의 그림이 대충 그려진 그림이 아니라는 사실! 당시 도공들은 유명한 작가의 회화 작품을 베껴 그렸어. 그래서 현대 사람들도 그리스 도자기를 통해 그리스 회화의 진면목을 어느 정도 느낄 수 있어.

그리스 도자기에 있는 그림의 소재는 그리스 신화만이 아니야. 신에게 제사를 지내는 장면, 스포츠 경기 장면, 결혼식이나 장례식 장면 등 그 소재가 참 다양하지. 일반 서민들은 주로 아무 그림도 없는 싸구려 도자기를 사서 썼지만, 특권계층은 자기가 좋아하는 그림을 도공에게 그려 달라고 주문하기도 했어. 재미있는 이야기를 그려 달라고도 했겠지?

"아킬레우스가 트로이의 장군 헥토르와 싸우는 장면을 그려 넣어 주시오!"

도자기는 실생활에서 사용하는 것이지만, 그리스의 학생들에겐 교과서 역할도 했어. 지금처럼 사진이나 동영상이 없던 시절이니, 도자기에 새겨진 그림을 보면서 그리스 신화 이야기를 듣거나 결혼식과 장례식 절차를 배웠을지도 모르지.

그런데 도자기는 영원히 사용할 수 있는 물건은 아니야. 언젠가는 금이 가거나 깨져서 결국 버려야 하는 때가 오지. 그냥 버리긴 아깝지 않았겠냐고? 맞아. 그래서 그리스, 특히 아테네인들은 깨진 도자기를 재활용했다고 해. 어떤 용도로?

투표용지가 된 도자기

아테네에는 정말 이상한 제도가 하나 있었어. 앞으로 독재를 할 것 같다 짐작되는 사람을 투표로 뽑아서 나라 밖으로 쫓아내는 제도야. 과거에 독재를 '저지른' 사람을 벌주는 것이 아니라 미래에 독재를 '저지를 것 같은' 사람을 벌준다니!

투표는 매년 한 번씩 해. 투표 참가자가 6천 명 이상이어야 투표 결과가 공식적으로 인정이 되지. 전체 참가자의 과반수가 이름을 적은 사람은 쫓겨나도록 규정되어 있었어. 과반수가 이름을 적은 사람은 열흘 안에 아테네를 떠나야 하고, 십 년 동안 나라 밖에서 살아야 했어. 추방 기간이 끝나기 전에 몰래 돌아와도 되지 않을까? 정당한 사유 없이 아테네로 돌아왔다간 곧바로 사형!

그러나 자세히 살펴보면 이 제도가 혹독한 것만은 아니야. 정말 잘못을 저질러 추방되는 것은 아니기 때문에, 아테네를 떠날 때 자기 재산을 모두 처분해서 가져갈 수 있었어. 그렇다고는 해도 추방당한 사람은 인기가 떨어져서 아테네로 돌아온 뒤에는 정치인으로 재기하기가 힘들었을 거야.

반대의 경우도 적지 않았어. 많은 아테네 시민이 선택한 사람이라는 건, 그만큼 정계의 거물임을 반증하는 거지. 그래서 아테네 내부의 정치 상황에 따라 십 년을 채우기 전에 돌아오는 사람도 있었어.

또 하나 이 제도가 재미있는 건 투표용지가 특이하다는 거야. 깨진 도자기 파편(도편)을 사용했거든. 그래서 이 제도의 이름을 '도편 추방제'라고 해.

투표 당일의 모습은 어땠을까? 아테네 시민들이 아고라로 모여들어. 아고라는 고대 그리스 도시국가의 광장이야. 상업, 사교 등 도시인들의 일상생활이나 재판, 민회 등 정치 활동이 벌어지는 공간이지. 아고라 광장에 나무판자로 울타리를 설치하고 열 개의 입구를 만들어. 사람들이 줄을 서서 이 입구로 들어가 투표를 하는 거지. 요즘의 투표소 장면과 비슷했을 거야.

줄 선 사람들이 하나씩 손에 들고 있는 것이 있어. 깨진 도자기야. 왜 굳이 도자기 파편을 사용한 걸까? 당시 그리스인들이 사용한 종이는 지금 우리가 사용하는 종이와 달라. 파피루스로 만든 거야. 이집트에서 수입을 해야 하기 때문에 값이 엄청 비쌌다고 해. 반면 당시 그리스는 도자기 생산량이 엄청나서 깨진 도자기가 발에 치일 정도로 주위에 널려 있었다는구나. 가정이나 학교에서 아이들이 글씨 연습을 할 때 지금의 이면지처럼 사용했을 정도야.

도편 추방제에 사용된 도편들

© Wikimedia Commons

그런데 도편은 크기가 다 다를 수밖에 없어. 그럼 부정행위를 저지를 수 있지 않았을까? 큰 파편 아래에 작은 파편을 살짝 숨겨 가지고 들어가면 한 사람이 두 번 투표할 수도 있잖아!

시민들은 울타리 안에 들어가서 적고 싶은 사람의 이름을 적었어. 엄밀히 말하면 '쓰는' 것이 아니라 '새기는' 거였지. 도자기 파편이니 글을 쓸 수는 없고 작은 칼을 이용해 문자를 새겼을 거야. 가지고 나올 때는 종이가 아니라 접을 수 없으니 도편을 뒤집어서 다른 사람이 못 보게 했을 것 같아.

도편 추방제에 이용된 도편들은 지금까지 많이 남아 있어. 그중에는 우리의 교과서에도 등장하는 유명한 사람의 이름도 있어. 대표적인 예가 '페리클레스'야. 아테네 민주주의의 전성기를 이끌었다고 평가받는 정치가지. 도편에 이름이 오르긴 했지만 한 번도 추방되지 않은 걸 봐서는 과반수 이상의 득표를 한 적은 없었던 모양이야. 페리클레스는 '독재자'로 보이지 않기 위해 행동을 조심했어. 오히려 자신의 경쟁자들이 추방을 당하게끔 민심을 잘 이용했지.

투표용지로 사용된 도편들을 조사해 보니 대다수가 그릇의 파편이었어. 그러나 램프, 수도관, 우물 구조물, 천장 타일 등도 발견되었지. 도자기가 다양한 용도로 사용되었다는 걸 알 수 있어. 도자기를 통해 그리스인들의 일상생활뿐 아니라 정치 활동에 대해서도 알 수 있으니 더욱 재미가 있구나.

04
지하궁전을 지키는
흙 병사들
- 진시황릉 병마용

© 상해사서출판사, 《中華文明傳真4 秦漢》

모두 다섯 사람이야. 살아 있는 진짜 사람은 아니지만 말이야. 이들은 흙을 구워 만든 인형이야. 윗줄 왼쪽 인형부터 볼까? 두 손을 모은 채 정면을 뚫어져라 쳐다보고 있어. 오른손의 집게손가락 모양이 특이한데, 무엇을 가리키고 있는 건지, 아니면 특별한 의미를 담고 있는 건지는 잘 모르겠구나. 다만 갑옷을 입고 있는 걸 봐서는 군사임이 틀림없어. 머리 장식과 옷 장식이 화려한 걸 보니 계급이 높은 장군일 것 같아. 머리끝부터 발끝까지 풍채가 좋으니 더 그런 생각이 드는구나.

윗줄 오른쪽 인형은 첫 번째 사람보다는 계급이 낮아 보여. 그런데 두 팔과 두 손의 모양이 재미있어. 두 팔을 뻗어서 무언가를 잡고 있는 것 같지 않아? 이 사람은 전차병이야. 전차에 올라 말고삐를 잡고 있는 모습을 나타낸 것이지. 만들 때는 전차도 있고 말고삐도 있었지만 시간이 흘러 사라져 버리는 바람에 지금처럼 자세가 어색해졌지.

아랫줄 왼쪽 인형은 마치 장군의 막사로 들어와 무릎을 꿇고 급한 소식을 전하는 전령 같아. 자세히 보면 두 손의 모양이 특이해. 역시 무언가를 쥐고 있었던 것처럼 보여. 전령이 아닌가? 가운데 인형은 더 특이해. 마치 무술을 하려고 준비 동작을 하고 있는 것 같아.

이 두 사람에게는 공통점이 있어. 무언가를 쏘고 있다는 거야. 무릎을 꿇은 인형은 쇠뇌를 들고 있었던 것 같아. 쇠뇌는 석궁이라고도 하는데, 활을 고정 틀에 물리고 화살을 올려 쏘는 무기야. 쇠뇌를 들고 앉은 채로 적을 조준하고 있지. 무술 자세를 한 것처럼 보이는 인형은 사실은 큰 활을 잡고 있는 거야. 화살을 장전하고 적을 조준하기 직전의 모습이지.

오른쪽 아래에 있는 병사는 가장 흔한 보병이야. 오른손 손가락 모양을 보니, 창을 하나 들고 있었을 것 같구나.

지금까지 여러 군사의 모습을 하나씩 살펴보았어. 공통점은 모두 흙을 구워 만든 도자기라는 거야. 도자기 인형이란 뜻으로 '도용'이라고도 하지.

이들은 1974년 중국의 시안이라는 도시에서 발견되었어. 놀라운 건 당시 발견된 전부가 아니라는 거야. 총면적 2만 제곱미터가 넘는 곳에서 발견된 군사 인형의 수가 무려 7천 개가 넘어! 모두 실제 사람과 크기가 거의 비슷하지. 흙을 구워 만든 전차 130여 대, 수레 끄는 말

500여 필, 기병이 타는 말 100여 필 등도 함께 발견되었어. 군사와 병마의 모습으로 만든 도용이라서 '병마용'이라고 부르지.

이 엄청난 것을 누가, 도대체 왜 만든 걸까?

진시황제의 두 얼굴

병마용이 발견된 곳은 놀랍게도 황제의 무덤 근처야. 진시황제의 무덤인 진시황릉 옆에서 발견되었지. 진시황릉과 병마용은 무슨 관계일까?

진시황제 하면 두 가지 느낌이 동시에 들어. 중국을 최초로 통일한 군주! 그러나 역사상 최악의 폭군!

중국은 최초의 왕조 하나라가 탄생한 뒤, 상나라, 주나라가 차례로 뒤를 이었어. 주나라 때는 봉건제를 실시했어. 왕의 가족이나 친척, 공을 세운 신하들을 제후로 삼고 땅을 나누어 주어 다스리는 방식이야. 그런데 시간이 지나면서 왕과 제후들 사이가 멀어졌고, 제후들은 저마다 힘을 길러 독립을 하기 시작했어. 이후 5백 년 동안 중국은 분열의 시대를 보냈지. '춘추전국시대'라고 부르는 이 시대의 최고 강자는 진나라였어. 결국 진나라 왕 '영정'이 중국을 통일하고 중국 최초의 황제, 진시황제가 되었지.

진시황제는 중앙집권적인 군현제를 실시하고 도량형과 문자를 통일했어. 이 제도들은 이후 다른 왕조에도 계승되어 2천 년 넘게 중국사에 큰 영향을 끼쳤지. 그러나 진시황제는 중국 역사상 최악의 폭군으로 불리기도 해. 내용이 마음에 안 드는 책들을 불태우고, 학자들을 말만 앞세운다며 땅에 묻기도 했어. 만리장성, 아방궁, 황릉 등 토목 공사에 수십만 명의 백성을 동원해 가혹하게 착취했지.

진시황제는 이렇게 최고의 권력을 누리면서도 한 가지가 늘 아쉬웠어. 인간이라면 누구도 피해 갈 수 없는 것, 바로 죽음이었지. 진시황제는 자신도 언젠가는 죽을 수밖에 없다는 사실이 너무 슬펐어. 하는 수 없이 자기가 묻힐 무덤을 만들라고 명령했지만, 한편으로는 영원히 살고 싶다는 욕망을 키워 나갔어.

"불로장생약을 구해 오라! 신선을 데려와도 좋고!"

수많은 사람들이 '내가 적임자'라며 진시황제에게 자금을 받아갔지만, 돌아오는 사람은 아무도 없었어. 진시황제는 불로장생약과 신선을 찾아 순행을 떠나기로 결심했어. '순행'이란 군주가 자신의 영토와 백성을 직접 보기 위해 여행하는 걸 말해.

그러나 진시황제는 순행 중에 숨을 거두었고, 자신이 만든 황릉에 묻혔지.

진시황릉

　진시황릉은 크기가 정말 어마어마해. 가로 세로 길이가 각각 500미터씩이나 되고, 높이도 100미터 가까이 될 정도야. 멀리서 보면 그냥 산 같아 보이지. 이집트인이 쿠푸 왕의 피라미드를 만들 때보다 8년이 더 걸렸고, 공사에 참여한 백성의 수도 여덟 배나 많았다는구나.

　엄청난 시간을 들이고 수많은 백성을 동원해 만든 황릉이니, 내부의 모습은 정말 화려하지 않을까? 진시황릉은 아직 발굴하지 않아 어떤 모습인지 두 눈으로 직접 확인할 수가 없어. 그 대신 사마천이 《사기》라는 역사책에 적어 놓은 글이 있어 상상은 해 볼 수 있지.

"진귀한 보물을 함께 묻었다. 천장에는 천체의 모습이, 바닥에는 중
국의 모습이 그려져 있다. 강과 바다도 만들었는데 수은이 물의 역
할을 하며 흐른다."

진시황제는 자신이 죽은 뒤의 세상을 하늘과 땅, 강과 바다가 있는
실제 세상과 똑같이 표현하고 싶었던 것 같아.

병마용갱

진시황제가 병마용을 만든 까닭은?

그런데 진시황릉의 주변에서 병마용들이 가득 늘어서 있는 구덩이 (병마용갱)가 하나도 아니고 세 개씩이나 발견되었어. 여기에 흙을 구워 만든 엄청난 수의 병사, 말, 전차가 들어 있었지. 더 놀라운 것은 이들이 땅속에 아무렇게나 처박혀 있지 않았다는 거야. 마치 실제 전투 대형을 갖춘 군대처럼 질서정연하게 배치되어 있었어. 고고학자들이 '지하군단'이라고 부를 정도로 말이야.

이 병마용갱도 진시황제가 명령을 내려 만들었을까? 함께 출토된 유물들 가운데 '극戟'이라는 청동 무기가 있는데, 이런 글이 새겨져

있어.

"재상 여불위가 만들다."

여불위는 진시황제가 전국을 통일하기 이전, 즉 진나라 왕이던 시절에 재상으로 일했던 사람이야. 그러니 이 병마용갱은 진시황제의 명에 따라 만든 것이 분명하지.

진시황제가 병마용을 만들어 무덤 주변에 묻어 둔 이유는 무엇일까? 충분히 짐작하겠지만, 자신이 죽은 뒤에도 병사들이 지켜 주기를 바랐던 거야.

그보다 먼 옛날에는 왕이나 권력자가 죽었을 때 살아 있는 사람을 죽여서 함께 묻는 '순장'이라는 풍습이 있었어. 무덤 주인이 저승에서도 편히 지내려면 도우미가 필요하다는 생각으로 순장을 한 거야.

하지만 진시황제는 그렇게 하지 않았어. 대신, 실제 병사와 똑같은 모습의 흙 인형 군단을 만들어 무덤 주위에 배치했어.

똑같은 얼굴이 하나도 없는 병마용

병마용은 어떤 사람들이 만든 걸까? 고고학자들이 병마용을 유심히 살펴보니, 이름을 찍거나 새긴 흔적이 보였어. 아마도 병마용 제작을 지휘한 장인들의 이름일 거야. 장인을 도와줄 사람도 필요하지 않았을까? 흙을 운반해 오고 반죽하는 일꾼, 도용의 각 부위를 모양 잡고 다듬고 굽는 도공들도 많이 있었을 거야.

이들이 사용한 흙은 황토야. 중국인은 황허가 가로지르는 황토고원에서 문명을 탄생시켰어. 그곳이 중국사의 중심지였지. 진나라의 수도 함양과 진시황릉도 황토고원에 위치해 있었어. 황토고원의 흙은 입자가 고와 일찍부터 간단한 농기구로 농사를 지을 수 있었는데, 그릇 형태의 도자기뿐 아니라 병마용의 재료로도 쓰였을 거야.

병마용이 제작된 건 기원전 3세기 말경이야. 당시 도자기 제작 기술은 중국이 세계에서 가장 뛰어났을 거라고 해. 진시황제가 중국을 통일하기 전인 춘추전국시대에 이미 철기 생산 기술을 비약적으로 발전시킨 것만 봐도 짐작할 수 있지. 제후국들은 부국강병을 위해 철제 무기와 철제 농기구 생산에 박차를 가했어. 그 과정에서 세계 최초로 풀무를 개발해서 불의 온도를 높였지. 철기 생산 기술의 발전이 똑같이 불을 이용하는 도자기 생산 기술의 발전에도 긍정적인 영향을 주었을 거야.

이제, 장인과 도공들이 병마용을 만드는 과정을 따라가 보자. 사람 모양 병마용의 경우 신체 부위를 발판, 다리, 몸통, 팔, 머리 등 다섯 부분으로 나누어 작업을 시작했어. 이들을 몇 가지 정형화된 거푸집으로 대량 생산을 했지. 다리는 서 있는 것과 앉아 있는 것 두 가지 정도가 있었고, 몸통과 머리는 종류가 약 8가지였다고 해. 그러고 나서 이들 각각을 마르기 전에 이어 붙여 기본적인 윤곽을 잡고 그 위에 흙을 한 번 더 발라 사람 모양을 완성했어.

그 이후부터는 섬세한 손길이 필요해. 자르고, 빚고, 주무르고, 붙이고, 새기고, 그리는 것 같은 여러 과정을 거쳤지.

그 다음은 불에 구울 차례야. 950~1000도의 온도로 구웠을 거라고 해. 그 정도까지 온도를 끌어올리려면 땔감이 엄청 많이 필요했겠지? 어쨌든 이렇게 해서 병마용 완성!

흙으로 만든 군사들은 실제 군사들과 마찬가지로 계급에 따라, 하는 역할에 따라 그 모습이 달라. 고급 장수, 중하급 장교, 일반 병사들로 구분되었고, 기병, 보병, 전차병, 궁노수 등으로 구성되어 있지. 계급과 역할에 따라 복장에 차이를 두었을 뿐 아니라 자세도 저마다 다르게 했어.

앞에서 살펴본 다섯 개의 인형을 보면, 색이 저마다 조금씩 달라. 같은 황색인데 진한 것도 있고 옅은 것도 있어. 회색에 가까운 황색도 있고 청색에 가까운 황색도 있지. 하지만 만들 때부터 색이 그랬던 건 아니야.

원래 병마용은 여러 색이 칠해진 컬러풀한 모습이었어. 예를 들어 군사의 피부는 주로 분홍색이었고, 상체의 갑옷은 검은색이거나 갈색이었어. 바지는 짙은 녹색이나 하늘색, 자홍색이었다고 해. 말은 몸 전체가 붉은 대추색이었다고 하지.

안타깝게도 오랜 시간을 거치면서 색이 바래고 말았어. 2천여 년 동안 빗물에 침식되고 발굴 과정에서 공기에 노출되는 바람에, 대부분이 색이 바랬고 아주 일부만 본래의 색채를 유지하고 있는 거야.

그중에서도 가장 놀라운 것은 인형들의 얼굴이야. 똑같은 얼굴이 하나도 없어!

다섯 명의 도자기 병사를 다시 볼까? 얼굴이 큰 사람도 있고 작은 사람도 있어. 살이 많이 붙은 사람도 있고 마른 사람도 있지. 눈매가 좀 매서운 사람이 있는가 하면 온화해 보이는 사람도 있어. 코와 입도 도용마다 크기가 다르고, 콧수염과 턱수염도 있고 없고가 달라.

보통의 장인이었다면, 얼굴을 몇 가지 유형으로 정하고 싶다는 유혹을 느꼈을 것 같아. 쉽고 빠르게 많이 만들 수 있었을 테니까 말이야. 그런데도 얼굴이 똑같은 병마용이 하나도 없는 이유는 무엇일까? 진시황제가 용납하지 않았기 때문은 아닐까?

"살아 있는 것과 똑같게 만들어야 해! 그래야 나를 지킬 수 있지!"

실제로는 얼굴이 완전 똑같은 사람은 존재할 수 없으니까! 그래서 장인들은 살아 있는 군사, 살아 있는 말을 모델 삼아 그대로 만들어야 했던 건 아닐까?

중국을 최초로 통일한 진시황제. 2천여 년 긴 잠에서 깨어난 병마용을 통해서 우리는 그의 진면목을 다시 한 번 확인할 수 있어.

05
중국 자기, 한반도에 오다
– 무령왕릉 출토 자기

© 국립공주박물관

푸른 빛이 도는 도자기 두 점이 나란히 서 있어. 위는 키가 21센티미터, 아래는 18센티미터, 아담한 단지구나. 둘 다 배가 불룩한 것이 공 모양에 가까워.

정면 사진이라 모두 보이지 않지만 두 점 모두 구멍이 있는 무언가가 여섯 개씩 달려 있어. 손잡이라고 하기엔 좀 작아 보여. 사람 귀를 닮은 이건 어디에 쓰는 걸까? 이런 도자기를 '귀가 여섯 개 달린 단지'라는 의미로 '육이호(六耳壺)'라고 불러. 귀가 네 개라면 '사이호'가 되겠지.

이 두 점의 도자기가 발견되었을 때, 그 주위에 구리로 만든 그릇과 청동 수저도 함께 있었어. 그릇도 두 벌, 수저도 두 벌이었지. 육이호도 두 점이니까, 혹시 두 사람을 위한 것이 아니었을까?

그런데 좀 이상한 것이, 육이호 두 점 중 한 점에만 뚜껑이 있어. 처음부터 일부러 안 만든 것 같진 않고, 어디론가 사라져 찾지 못한 거

라고 봐야겠지. 다섯잎꽃의 꽃잎
무늬 중심에 가운데가 푹 패
인 네모난 꼭지가 있어.
이건 뭐지? 손잡이로
쓰기에는 작아서 불편
했을 것 같은데.

사실 이 도자기는 실
생활에서 쓰던 것이 아
니야. 집터가 아니라 무덤에
서 발견되었지. 이 무덤의 이름은
'무령왕릉', 백제 25대 임금 무령왕

청자 육이호 뚜껑 　　© 국립공주박물관

(462~523)의 무덤이야. 그런데 앞에서 육이호와 청동 그릇과 수저가
각각 두 벌이라고 했지? 그럼 무령왕 말고 묻힌 사람이 한 명 더 있
다는 말인데, 누구인지 짐작이 가지? 무령왕릉은 백제 무령왕과 그의
왕비(?~526)가 함께 묻힌 무덤이야.

그러니까 이 육이호와 청동 그릇과 수저는 부부용 식기 세트인 셈
이야. 물론 살아 있을 때 사용하던 것이 아니라 죽은 뒤 무덤에 함께
묻은 부장품이지만.

무령왕릉에서는 육이호 두 점 말고도 술병으로 보이는 검은 도자기

무령왕릉 출토 흑갈유 사이병(왼쪽)과 등잔

한 점과 등잔으로 사용된 도자기 여섯 점까지 모두 아홉 점의 도자기가 발견되었어. 이 도자기들을 보니 어떤 생각이 들어? 앞서 살펴본 빗살무늬토기에 비해서는 세련되지만, 그리스 도자기나 진시황릉의 병마용과 비교하면 그저 그런 도자기로밖에 보이지 않아.

그러나 결론부터 말하면, 무령왕릉에서 출토된 도자기는 앞서 살펴본 도자기들과 기술적으로 차원이 다른 도자기야!

차원이 다른 도자기, 자기

우리는 지금 도자기에 관한 이야기를 하고 있어. 그런데 아직 한 번도 '도자기란 무엇인가?' 하는 질문을 하지 않았고 답도 하지 않았어. 이제 그 이야기를 할 때가 된 것 같구나.

도자기는 점토를 빚고 굳히고 열을 가해서 만드는 제품이야. 그 과정에서 빛깔이나 색, 내구성을 좋게 하려고 유약을 바르지. 도자기의 몸에 덧씌우는 약이라고 생각하면 돼.

그런데 '도자기'는 '도기'와 '자기'가 합쳐진 말이야. 도기와 자기는 어떻게 다를까? 도기는 일반 점토를 사용하고, 불의 온도도 1000도 정도면 만들 수 있어. 자기는 '고령토'라는 특별한 점토를 사용하고, 불의 온도가 1200~1300도 이상이어야 만들 수 있지. 점토가 다르면 뭐 얼마나 다르기에? 200~300도 차이가 뭐가 그리 크다고?

불의 온도가 높을수록 액화의 정도를 높여 더욱 단단한 도자기를 만들 수 있어. 그런데 옛날에는 온도를 1200~1300도까지 올리는 것이 무척 어려운 일이었어. 일부 지역에서, 그것도 아주 오랜 노력을 기울인 도공들만이 성공할 수 있었지.

그렇게 해서 높은 온도에 도달했다고 쳐. 그걸로 문제가 해결되는 건 아니야. 일반 점토로 모양을 빚은 것은 높은 온도를 견디지 못해 찌그러지거나 터지고 말지. 반면 고령토는 1200~1300도의 고온에서도 잘 견딜 수 있는 점토야. 이처럼 온도와 흙, 두 가지 조건이 모두 충족되어야 도기의 단계를 뛰어넘어 자기의 단계에 도달할 수 있지.

그렇다면 도기와 자기는 질적으로 어떻게 다를까? 자기는 도기보다 고온에도 잘 견딜 수가 있다고 했잖아? 그래서 도기보다 두께를 얇게 하는 것이 가능해. 단단한데 가벼운 거지.

　좋은 점은 또 있어. 자기는 물이 새지 않아. 도기는 물을 담아 놓으면 겉보기엔 안 그럴 것 같아도 시간이 지나면 조금씩 물이 새어나가 양이 줄어들지.

　자기는 실용적인 면에서도 도기보다 낫지만, 미적으로도 훨씬 뛰어나. 고령토에는 놀라운 성질이 하나 더 있어. 일반 점토보다 유리질을 많이 함유하고 있다는 거야. 유리질은 말 그대로 유리의 성질을 지닌 암석을 말해. 그것이 높은 온도에 이르러 녹으면서 겉면을 코팅해 주지. 그래서 자기는 광택도 좋고 투명도도 높아서 도기보다 훨씬 아름다운 빛을 내지. 마치 투명한 유리컵과 비슷한 느낌을 주는 거야.

　앞에서 본 돌니 베스토니체의 여인상과 빗살무늬토기를 떠올려보자. 이들은 둘 다 도기에 속해. 그리스 도자기와 진시황릉의 병마용 역시 도기지. 앞의 두 가지는 '토기'에 속하고 뒤의 두 가지는 '도기'에 속한다며 '토기 단계'와 '도기 단계'를 구분하기도 하지만, 크게 보면 모두 도기라고 볼 수 있어. 반면 무령왕릉에서 발견된 도자기 아홉 점은 모두 자기야.

　그렇다면 당시 백제는 자기를 생산할 수 있었던 걸까? 도기는 문명

좀 일구어 봤다 하고 자랑하는 곳이라면 어디에서나 만들 수 있었어. 자기는 그렇지 않아. 불의 온도를 높이고 고온을 유지하는 기술을 터득할 뿐 아니라 고령토를 얻을 수 있는 지역에서만 생산할 수 있었어. 고령토에 대해 알고 있는 유일한 곳이 중국이었지. 무령왕릉에 묻힌 자기들은 실은 중국에서 건너온 거야.

그럼, 중국에서 자기가 처음 만들어진 건 언제일까?

중국에서 자기를 수입하다

진시황제는 저승에 간 뒤에도 병마용이 지켜 주어 편안하게 잘 살았을지 모르지만, 그가 통일한 진나라는 얼마 못 가 멸망하고 말아. 그 뒤를 이어 등장한 한나라는 4백 년의 역사를 가진 나라인데, 앞의 2백 년은 '전한', 뒤의 2백 년은 '후한'이라고 나누어 부르기도 해. 자기가 처음 등장한 건 바로 후한(25~220) 때야. 초기에 생산된 자기들은 주로 푸른색에 가까운 빛깔을 띠었어. '푸른 자기'라는 의미로 '청자'라고 불렀지.

후한 다음에는 중국 역사가 아주 복잡해져. 위, 촉, 오 세 나라가 각축을 벌이는 삼국시대가 이어지지. 《삼국지연의》는 이 시대를 배경으로 한 역사소설이야. 그 뒤에 진시황제의 '진秦'과 한자가 다른 '진晉'이라는 나라가 다시 중국을 통일하지만, 그 시간은 무척 짧았어.

북쪽 지방에 사는 유목민족들이 밀고 내려왔기 때문이야. 이들이 중국 북부를 차지하는 사이에 진晉나라는 남쪽으로 내려가 새로 자리 잡았어. 이 나라가 '동진'이야. 그 이전의 진은 '서진'이라고 부르지.

이때부터 중국은 크게 둘로 나누어졌어. 북방의 여러 유목민족들이 흥하고 망하기를 반복한 '북조'와 한족이 다스리는 '남조', 이렇게 두 개의 바퀴가 약 3백 년간 중국사를 굴렸지. 그래서 '남북조'시대라고 해. 특히 남조는 동진이 멸망한 이후 송, 제, 양, 진陳이라는 네 왕조가 차례로 이어져. 이와 같은 북조와 남조의 분열을 통일한 것이 수나라이고, 그 뒤를 이어 등장한 것이 당나라야.

중국이 남북조시대일 때 한반도는 삼국시대였어. 고구려, 백제, 신라, 그리고 여기에 가야까지 공존하고 있었지. 이 나라들은 당시 중국과 지리적으로 가까웠어. 중국이 세계 최초로 탄생시킨 자기를 가장 먼저, 그리고 가장 많이 수입할 수 있었지. 직접 생산하지는 못했지만 말이야.

놀라운 것은 중국 수입 도자기 대부분이 한 나라에서만 집중적으로 발견되고 있다는 거야. 고구려, 신라, 가야 지역은 발견되는 자기가 각각 몇 점밖에 안 되는데, 백제는 수백 점이나 돼. 백제는 해상 활동을 활발히 펼친 덕분에 중국 문물을 가장 많이 가져올 수 있었을 거야. 무령왕릉에서 발견된 자기 아홉 점도 중국에서 수입해 왔지.

중국 황제의 선물

이 도자기 아홉 점은 어떤 경로로 백제에 와서 무령왕릉에 묻히게 되었을까? 무령왕과 왕비가 차례로 죽고 두 사람의 무덤이 완성되는 때는 520~530년 무렵이야.

앞에서도 말했지만, 당시 중국은 남북조시대야. 고구려가 주로 북조의 나라들과 관계를 맺는 사이에, 백제는 남조의 나라들과 왕래가 잦았어. 백제는 372년 처음으로 동진과 외교 관계를 맺은 이래 남조가 송, 제, 양, 진, 네 나라를 거치는 동안 모두 28번이나 사신을 보냈다고 해. 무령왕릉이 완성될 무렵에는 양나라와 친하게 지냈지.

오른쪽 그림을 한번 볼까? 〈양직공도〉라는 그림이야. 양나라를 방문한 외국 사신들의 모습을 양나라 사람이 그린 거라고 해서 '양직공도'야. 당시에는 35개국 사신의 그림이 있었다고 해. 양나라가 무척 많은 나라와 외교 관계를 맺었다는 걸 알 수 있지. 지금은 시간이 많이 흘러 12개국 사신의 그림만 남아 있는데, 이 중에는 백제 사신의

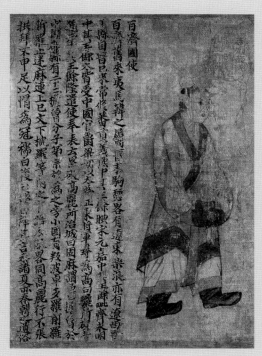

〈양직공도〉 중 백제 사신　　　　　　© 중국난징박물원

그림도 있어. 백제와 양나라가 외교 관계를 맺고 왕래했다는 사실을
이 그림 한 장으로 알 수 있지.

백제 사신은 어떤 길로 양나라의 수도 건강(지금의 난징)까지 갔을
까? 당시 백제의 수도였던 웅진(지금의 충남 공주)을 출발, 배를 타고 금
강을 통해 서해로 나와 쭉 나아가서 장강 하구에 도착한 뒤, 당시 양
나라의 수도였던 건강에 도착할 수 있었을 거야.

백제 사신이 건강에 도착한 때는 언제쯤일까? 〈양직공도〉의 백제 사신 그림의 왼편에 쓰인 설명글에 그 단서가 있어. 그가 건강에 온 것은 521년, 즉 무령왕이 죽기 2년 전이었어!

그렇다면 무령왕릉에서 발견된 자기들은 그림의 주인공인 백제 사신이 양나라에 사신을 갔다가 돌아오는 길에 가져온 것일까? 그러고 나서 얼마 뒤 무령왕이 죽자 왕릉에 부장품으로 묻은 것이라고 짐작해 볼 수 있어.

이 자기들은 백제 사신이 양나라 황제로부터 선물로 받은 걸까, 아니면 귀국하는 배를 타기 전에 본인이 시장에서 구입했을까? 황제의 선물이었을 가능성이 커. 당시 자기는 중국에서도 무척 귀한 물건이었을 거야. 아직은 대량 생산이 이루어지지 않았을 때거든. 우리나라는 물론이고, 중국에서도 황실이나 일부 귀족들만이 누릴 수 있는 사치품이었지. 게다가 백제의 왕에게 주는 거라면 당시 중국에서 최상품이었을 것이고, 그렇다면 황제가 준 선물일 거라고 보는 것이 맞지 않을까?

그러나 무령왕릉에 같이 묻힌 아홉 점의 자기를 가져온 사람이 그림에 나오는 백제 사신이라고 확신할 수는 없어. 그전에 백제에 이미 와 있던 것일 수도 있고, 아니면 양나라 황제가 무령왕이 죽었다는 소식을 전해 들은 뒤에 애도하는 마음으로 사신을 보내 선물한 것일지도 모르지.

후한시대에 처음 등장한 자기는 중국 안에서뿐 아니라 한반도에 건너와서도 왕실과 귀족들의 마음을 사로잡았어. 저승에 갈 때도 가져가고 싶은 물건일 정도로 말이야.

중국 자기의 열풍은 점점 거세졌어. 한반도와 일본열도뿐 아니라 실크로드와 바닷길을 따라 동남아시아, 인도, 서아시아까지 멀리 퍼져 나갔지. 이 최첨단 제품에 전 세계가 열광하기 시작했어.

"이것은 자기야. 중국에서 온 거지!"

너도나도 이런 말을 되풀이하다 보니, 어느새 중국을 뜻하는 '차이나China'라는 말이 중국의 서쪽에서는 '자기china'를 뜻하는 보통명사가 되었어. 이제 본격적으로 '자기의 시대'가 열린 거야.

06
서역에서 낙타 타고 온 밴드
- 당나라 당삼채

낙타에 사람들이 타고 있어. 좁은 등에 바글바글, 만원 버스 같구나. 낙타는 힘든 걸 억지로 참고 있는 걸까? 목을 뺀 채 그저 하늘만 쳐다보고 있어. 혹이 하나인 단봉낙타일까? 혹이 두 개인 쌍봉낙타일까? 단봉낙타면 볼록한 혹에 저렇게 많은 사람이 균형을 잡고 앉아 있을 수 없을 것 같은데. 그렇다면 쌍봉낙타?

　사람들이 앉은 곳을 자세히 살펴보면 몇 가지 장치가 있어. 색과 무늬가 화려한 담요 한 장이 덮여 있는 건 한눈에도 보이지? 그런데 낙타 등 앞뒤로 트인 곳으로 담요가 하나 더 드러나 보여. 밑에 한 장이 더 깔려 있구나. 하지만 담요 두 장만으로는 사람들이 낙타의 두 혹 위에 균형을 이루고 앉아 있기가 쉽지 않을 텐데? 그리고 보니 왼쪽에 앉아 있는 사람의 오른쪽 다리 밑으로 두툼한 나무판 끝이 살짝 보이는구나. 두 혹 위에 놓여 자리를 평평하게 만들고 사람들이 떨어지지 않게 균형을 잡아 주는 거지.

도대체 뭐하는 사람들이기에 이렇게 좁은 공간에 오글오글 모여 있을까? 옆에서 보면 네 명 정도가 보이지만, 한 바퀴 쭉 돌려보면 낙타 등에 타고 있는 사람이 모두 다섯이야. 왼쪽에 앉은 사람이 들고 있는 건 기타랑 닮았어. 기타보다 몸체는 긴 타원형이고 자루는 짧아. '비파'라는 악기야. 줄이 네 개면 '사현비파'이고 다섯 개면 '오현비파'인데, 이건 줄까지는 새겨 넣지 않았구나.

다섯 명 중 유일하게 우뚝 서 있는 사람이 하나 있어. 입을 크게 벌리고, 오른팔을 안쪽으로 접어 배에 힘을 모으고 있는 모습이 마치 가수 같구나. 다른 세 사람도 저마다 악기를 하나씩 들고 양쪽에 나누어 앉아 있는데, 반주를 하고 있는 것 같아.

하나하나 구색을 잘 갖춘 모습이 마치 밴드 같아. 낙타 등에 올라탄 사람들이 노래를 부르고 악기를 연주하는 모습은 마치 오늘날 밴드가 콘서트를 하고 있는 것 같기도 해.

낙타 등에 타고 있는 악사들을 형상화한 이것은 흙을 구워 만든 도자기야. 중국 당나라 때인 700년경에 만들어진 도기지. 이 도기, 색상이 무척 화려하지?

이렇게 인물이나 동물 모습을 한 도기들이 처음 발견된 건 지금부터 약 백 년 전의 일이야. 중국 당나라 황실이나 귀족의 무덤에서 나왔지. 이때 발견된 것들을 보면 대체로 호박색(황색), 녹색, 흰색 등 세 가지 유약이 발라져 있었어. 그래서 학자들은 '당나라의 세 가지 색 도기'라는 의미로 '당삼채'라 이름 지었지. 이름에서 색상이 다채로운 화려한 도자기라는 느낌이 확 나는구나.

당삼채는 이후에도 계속 출토되었어. 그런데 위의 세 가지 색뿐 아니라 청색이나 홍색 유약을 바른 것도 새로 발견되었어. 그럼, '당오채'라고 이름을 바꾸어야 하나? 그렇게 하지는 않았어. 그냥 계속해서 '당삼채'라고 불렀지. 중국에서 숫자 3은 그냥 '셋'을 나타내기도 하지만, '많다' 또는 '다양하다'는 의미도 갖고 있으니까 굳이 이름을 바꿀 필요가 없는 거지.

그런데 이쯤에서 한 가지 궁금한 점이 있어. 당삼채 도기가 만들어진 건 중국 당나라 때인 700년경이야. 자기를 발명하고 이미 오백 년이나 지난 뒤였지. 그런데 왜 여태 도기를 쓰고 있는 걸까?

중국인은 후한시대에 자기를 발명한 뒤 계속해서 자기를 발전시켰고 자기의 시대를 열어 갔어. 그렇지만 자기가 등장했다고 해서 도기가 사라진 건 아니야. 질이 훨씬 뛰어난 자기가 있는데 사람들은 왜 굳이 도기를 계속 사용한 걸까? 당삼채 도기, 도대체 왜 만든 거지?

저승에서도 부귀영화를 누리고 싶다!

방금 전에 살펴본 건 수많은 당삼채들 가운데 하나일 뿐이야. 지금까지 발견된 당삼채들을 보면 그 모습이 무척 다양해.

당삼채는 크게 인물상, 동물상, 생활 도구 등으로 나눌 수 있어. 그 중에서 우리 눈에 가장 먼저 들어오는 건 아무래도 인물상이지. 인물상은 당삼채에서 가장 많이, 그리고 가장 중요하게 다루는 소재야. 문관상이나 무관상처럼 관료의 모습을 나타낸 것도 있고, 황실 가족이나 귀족 가문의 여인을 묘사한 것도 있어. 동물상 중에는 주로 말이나 낙타를 형상화한 것이 많아. 물론 앞에서 살펴본 것처럼 사람이 말이나 낙타를 타고 있는 모습을 형상화한 것도 적지 않지.

당삼채 도기는 어디에 쓰였을까? 당삼채에는 두 가지 특징이 있어. 하나는 무덤에서만 출토된다는 거야. 일상용품이 아니라 부장용품이었다는 거지. 또 하나는 당나라 전기에 약 백 년 동안 유행했다가 갑자기 사라졌다는 거야.

당삼채 부인상   © 상해인민미술출판사

　중국은 전한과 후한, 삼국시대, 남북조시대를 차례로 거쳤어. 삼백 년 넘는 전쟁과 분열의 시대를 수나라가 통일했지만 금세 망하고 당나라가 그 뒤를 이었지. 이때부터 중국은 백여 년 동안 전성기를 맞이했어. 당나라는 밖으로는 유목민족들을 제압하면서 영토를 넓혔고, 안으로는 평화와 안정을 누렸지. 당연히 경제적인 번영도 함께 맞이했고 말이야.

삶이 풍요로워지자 사람들은 사치를 즐기기 시작했어. 예전 같으면 필요가 없었을 물품을 사는 데 돈을 썼지. 특히 황실과 귀족, 관료들 사이에 사치 풍조가 심했어. 이들은 더할 나위 없이 호화로운 생활을 즐겼지. 그러다 보니 문득 이런 생각이 들지 않았을까?

"죽어 저승에 가서도 이승의 부귀영화를 계속 누리고 싶다!"

가족이 죽으면 무덤을 성대하게 만들었어. 금, 은, 동, 귀금속으로 만든 다채로운 부장품들을 무덤에 함께 넣었지. 그런데 귀금속을 너무 많이 쓰다 보니 어느새 값이 올라가기 시작했고, 금과 은으로 만든 물건의 가격이 폭등했어. 당나라 때는 경제 발전으로 동전을 많이 발행해야 했는데, 그러다 보니 동마저도 부족해져 가격이 급등했어. 값비싼 귀금속을 대신할 무언가가 필요했는데, 그 대용품으로 사용하기 시작한 것이 바로 당삼채였던 거야.

당삼채는 도기이기 때문에 자기보다 질이 떨어지고 가격이 낮아. 대신에 무척 화려하지! 다양한 색상에 생동감 넘치는 인물상과 동물상들! 금, 은, 동 등 귀금속으로 만든 물건이나 자기에 비하면 비용이 적게 들면서도 시각적 효과는 확실하지.

앞에서 본 당삼채를 다시 살펴보자. 이번에는 낙타 등에 탄 다섯 사람의 모습을 좀 더 다가가서 보기로 해. 먼저, 비파를 치며 앉아 있는 사람과 서서 노래 부르는 사람. 얼굴 모습이 어때? 아무래도 우리에게 익숙한 중국 사람의 얼굴은 아닌 것 같아. 눈은 깊이 파이고 코는 높고 얼굴에 턱수염이 가득한 걸 보면, 한국이나 중국, 일본 같은 동아시아 사람의 얼굴은 아닌 것 같지? 나머지 세 사람의 모습도 다르지 않아. 이들은 실크로드를 통해 서쪽에서 온 사람들이야.

잠시 전한시대로 돌아가 보자. 자기를 처음 생산한 후한시대보다 더 옛날에 있었던 일이야. 당시 황제였던 무제는 오랫동안 한나라를 괴롭혔던 흉노를 공격하기로 마음먹었어. 한나라의 서쪽에 있는 월지라는 나라와 동맹을 맺어 흉노를 협공할 계획을 세웠지. 월지에 갈 사신을 모집했는데, 장건이라는 사람이 가겠다고 나섰어.

당시 중국인들은 중국의 서쪽 땅을 '서역'이라고 불렀어. 중국의 바로 옆에 있는 중앙아시아뿐 아니라 그 서쪽에 있는 페르시아, 아라비아, 유럽까지, 그들에게는 서쪽에 있는 땅이니 모두 서역이었지. 아무도 가 본 적 없는 서역. 중국인들에게는 미지의 땅이자 공포의 세계였어. 반인반수의 괴물들이 산다는 무시무시한 소문도 자자했지. 그런 서역에 장건이 가겠다고 나선 거야.

장건은 가는 도중에 흉노에게 잡히는 등 수많은 우여곡절 끝에 십여 년 만에 겨우 돌아왔어. 무제가 명령한 월지와의 동맹에 실패한 채 말이야. 그러나 장건은 서역에 대한 정보를 많이 가져왔어.

"그곳에 괴물은 없었습니다. 우리와 같은 사람들이 살고 있습니다. 게다가 진귀한 물건도 많고요."

이때 장건이 다녀온 길들이 바로 실크로드야. 이후 실크로드를 통해 서역의 많은 상인, 종교인, 예술인들이 중국을 찾아왔어. 중국의 비단과 도자기를 사기 위해, 불교, 기독교, 조로아스터교 등 종교를 전도하기 위해, 그리고 노래와 춤 공연으로 돈을 벌기 위해서 말이지. 중국을 찾아오는 서역인의 수는 시간이 갈수록 늘어갔고 당나라 때가 되면 최고조에 이르렀어.

당나라의 수도 장안에는 '동시'와 '서시'라는 두 개의 큰 시장이 있었는데, 그중 서시는 주로 중국인과 서역 상인이 장사를 하는 곳이었어. 중국과 서역 사이에 수많은 상품의 매매뿐 아니라 다양한 문화와 예술의 교류가 이루어졌지. 당삼채로 만들어진 낙타 등에 타고 있는 악단 단원들 역시 서역에서 온 사람들이야. 당시 장안 길거리에서 흔히 볼 수 있는 풍경을 당삼채로 만든 거지.

원성왕릉 무인상 　　　© 문화재청 국가문화유산포털

　　서역 사람의 모습은 우리나라에서도 찾아볼 수 있어. 경주에 있는
신라의 원성왕릉(괘릉)에 가면, 무덤 앞에 돌로 만든 조각상이 모두 여
덟 개가 있어. 그중에는 무인의 모습을 한 조각상도 있지. 사진을 보
면 키가 2미터 50센티미터나 되는 거구인데, 윗몸을 살짝 뒤로 젖히
고 서 있는 모습이 무척이나 당당해 보여. 한눈에 봐도 늠름한 무인이
구나.

특히 예사롭지 않은 건 그의 얼굴이야. 넓적한 얼굴에 눈이 크고 눈썹이 짙어. 코도 무척 크구나. 양쪽 볼의 광대뼈가 툭 튀어나와 있고, 다물고 있는 입 아래로 목까지 턱수염이 덥수룩해. 어때? 당삼채의 악단 사람들과 닮은 것 같지 않아?

서역 사람들이 우리나라에도 왔던 것을 짐작할 수 있어. 원성왕릉에 무인상을 세워 둔 건, 원성왕의 호위 무사들 중에 서역 출신이 있었기 때문이 아닐까? 서역에서 온 무인뿐 아니라 당나라 장안에서 춤추고 노래하던 악단도 신라의 경주까지 와서 공연을 했을지 몰라.

저승길도 춤과 노래를 즐기며

서역 출신 악단 단원들이 낙타를 탄 채 공연하는 모습을 당삼채로 만들어 귀족의 무덤에 같이 묻은 이유는 무엇일까? 어쩌면 세상을 떠난 귀족이 생전에 서역 음악을 무척 좋아해서 저승에서도 그 음악을 즐겼으면 하는 바람으로 묻어 준 것이었을지도 몰라.

그런데 이 악단을 군이 왜 낙타 등에 태웠는지 궁금해. 멀리 서역에서 왔다는 걸 알려 주려고 했다는 건 알겠는데, 사람들 얼굴만 보아도 출신을 알 수 있는데 왜 낙타에 태운 거지?

기마 인물 토기   ⓒ 국립중앙박물관

    이쯤에서 국립중앙박물관에 있는 기마인물 토기 한 쌍이 생각나는
구나. 말을 타고 있는 모습이야. 두 점의 토기가 얼핏 보면 비슷해 보
이지만, 자세히 보면 차이가 느껴져. 왼쪽 사람은 옷이 화려해 보여.
둥근 모자를 쓰고 있고, 말에 등자도 있지. 크기도 좀 더 커 보여. 오른쪽 사람은 모자도 쓰지 않았고 등자도 없어. 두 사람은 신분이 다른 것이 확실해. 왼쪽은 주인이고 오른쪽은 하인일 거야.

무덤을 만든 가족은 처음에는 주인이 말 탄 모습으로 만든 토기만 같이 묻을 생각이었을 거야. 저승 가는 길 말 타고 편하게 가시라는 뜻으로 말이야. 그러나 그것으로는 마음이 놓이지 않았는지, 주인을 수행할 수 있게 하인의 인물상도 함께 만들어 넣었어.

당삼채 도기에도 그런 뜻이 숨어 있을지 몰라. 주인이 저승 갈 때 함께 따라가면서 춤과 노래 공연을 해 주기를 바라는 마음으로 낙타 등에 태운 모습으로 만든 것은 아닐까 싶어.

악단의 모습을 한 당삼채를 보니, 당시 서역의 춤과 노래가 당나라에서 엄청 유행했겠구나! 하는 생각이 들어. 나라가 안정되고 경제도 발전하면 문화와 예술에 대한 관심이 높아져. 그러면서 자연스럽게 외국 음악도 유행하게 되지. 이국적인 느낌이 물씬 풍기는 서역의 음악에 푹 빠져 지내는 사람도 적지 않았을 것 같아.

그래서일까? 꼭 당삼채 도기가 아니더라도, 꼭 서역인의 모습을 한 도용이 아니더라도, 무덤에 가수나 춤꾼 모습의 인형을 부장하는 경우가 많았다는구나. 무덤 주인이 저승에서도 춤과 음악을 즐길 수 있도록 말이야.

당삼채 중에는 서역인이나 말과 낙타 등 서역에 많이 사는 동물을 묘사한 것이 많아. 그야말로 국제적 성격을 지닌 도기였다는 증거야. 그래서 당삼채는 한국, 일본 등 동아시아뿐 아니라 실크로드를 통해 서역으로도 수출되었다고 해. 낙타 등에 탄 악단을 형상화한 당삼채 도기를 보면서 서역인들은 이렇게 생각했을 것 같아.

'우리랑 좀 닮은 것도 같네!'

07
650년 만의 귀향
- 신안선 출토 고려청자

© 국립중앙박물관

도자기가 모두 일곱 점이야. 윗 줄 맨 오른쪽에 있는, 가장 커서 눈에 확 띄는 이 병은 '매병'이라고 해. '매화 매梅' 자에 꽃병, 물병 할 때의 '병瓶'을 합친 말이야. 그럼, 매화를 꽂아 두는 병이었느냐고? 아니야, 주로 술을 담는 술병이야. 그런데 왜 매병이라고 부를까? 병에 든 술을 다 마신 뒤에, 다음 술 담을 시기가 올 때까지 매화 가지를 꽂아 두었기 때문이라는데, 확실한 건 아니야. 다른 액체를 담을 때도 사용했다는구나.

앞줄에는 동물 모습을 한 도자기도 있어. 장난감일까? 아님 장식품? 이건 연적이라는 물건이야. 벼루에 먹을 갈 때 쓰는 물을 담는 그릇이지. 윗 줄 중간에 있는, 옆으로 구멍이 뻥 뚫린 직육면체 가까운 도자기, 이건 딱 봐도 베개야. 잔 받침이 두 쌍 있고, 국을 담았을 것 같은 그릇도 보이는구나. 가장 이상한 건 뚜껑이야. 몸통은 어디 가고 뚜껑만 남아 있네?

이 일곱 점의 도자기는 공통점이 하나 있어. 모두 '자기'라는 거야. 그것도 고려시대 사람들이 직접 만든 자기. 앞에서 도기와 자기의 차이에 대해 말한 적 있어. 자기를 처음 만든 건 중국인이라고 했지. 그런데 고려 사람들도 언제부턴가 자기를 만들기 시작했다는 거야! 중국이 자기를 처음 만든 것은 2~3세기경 후한시대인데, 우리나라는 10세기 후반쯤에 자기 생산에 성공했어. 중국보다 700~800년쯤 늦었지만 세계에서 두 번째로 자기 생산국이 되었지. 무령왕릉에서 발견된 자기들은 중국에서 제작되어 바다 건너 우리 땅에 온 것이지만, 이 일곱 점은 우리 땅에서 생산된 거야.

고려, 하면 가장 먼저 떠오르는 문화 중 하나가 바로 '고려청자' 아닐까? 청자도 자기의 일종이야. 푸른 빛깔의 자기. 이 일곱 점 모두 고려청자야.

그런데 이상한 점이 있어. 매병, 잔 받침, 국그릇은 음식을 담는 것이지만, 여기에 베개와 연적이 함께 있으니 참 어색하지 않아? 게다가 무슨 그릇의 짝인지 알 수 없는 뚜껑까지. 서로 어울리지 않아 보이는 청자들이 한곳에 모여 있으니 이상하지? 그렇다면 발견 장소는? 놀라지 마! 무령왕릉 같은 무덤이 아니라 바다 속이야!

지금부터 40여 년 전인 1976년. 전라남도 신안군 앞바다에서 엄청난 일이 벌어졌어. 바다 속에서 길이 34미터짜리 대형 선박이 발견된

신안선에서 발굴한 도자기들   © Wikimedia Commons

거야. 발견 장소 이름을 따서 '신안선'이라고 부르지. 조사 결과가 나
오자 세계 고고학계가 들썩였어. 약 700년 전인 1323년에 침몰한 배
였던 거야! 일곱 점의 고려청자는 바로 이 배 안에서 발견되었어.

   신안선은 어느 나라 배였을까? 우리나라의 서해에서 발견되었고 고
려청자도 나왔으니, 당연히 우리나라 배 아니었을까? 시간을 헤아려
보면 그때가 고려시대(918~1392)였으니 당연히 고려의 배일 것 같아.

   사실 신안선에서 발견된 것은 고려청자 일곱 점이 다가 아니야. 놀

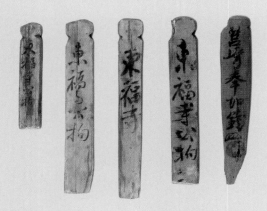

신안선에서 발굴한 목간들   © 국립중앙박물관

라지 마. 도자기 2만여 점과 목재, 중국의 동전 등 무려 2만 5,000점이 넘는 물품이 함께 발견되었어. 이들은 모두 나무상자에 차곡차곡 담긴 채 배에 실려 있었지. 신안선은 무역선이었던 거야.

글을 적은 나뭇조각 목간도 400개 가까이 발견되었어. 받을 사람의 이름과 주소가 적혀 있었지. 택배 상자에 붙은 주소 용지처럼 말이야. 그런데 여기에 적힌 것은 일본의 여러 지역 이름, 일본 사람의 이름들이었어. 그렇다면 신안선의 종착지는 일본이었겠구나!

그럼, 출발지는 어디일까? 목간들에는 물품을 배에 실은 날짜와 함께 출발지 이름도 적혀 있었는데, 모두 중국의 항구 도시 이름들이었어. 신안선은 중국에서 출항한 배였구나! 목간들 말고도 신안선이 중국에서 출발한 배라는 증거는 차고 넘칠 정도로 많아. 이 배에서 발견된 2만 점이 넘는 도자기는 모두 중국에서 생산된 거거든! 고려청자 일곱 점을 제외하고는 말이지.

이 배가 출항한 시기는 1323년 6월쯤이야. 우리나라는 고려, 중국은 몽골족이 세운 원나라가 지배하던 때지. 그러니까 신안선은 원나라 국적의 배인데, 원나라의 항구 도시를 출발해서 일본으로 가던 도중 우리나라의 신안 앞바다에서 침몰한 거야.

그렇다면 원나라와 일본을 왕래하는 무역선에 고려청자가 실려 있었던 이유는 무엇일까? 그전에 고려청자의 역사부터 살펴보자.

자기 생산국이 된 고려

우리나라에서 고려청자가 만들어진 건 불교와 관계가 있어. 고려청자와 불교, 별로 어울릴 것 같지 않은 둘 사이에 무슨 이야기가 숨어 있을까?

불교는 인도에서 시작된 종교야. 실크로드를 타고 중국에도 전해졌는데, 점차 중국인들의 마음을 사로잡았어. 그러자 중국 황제들은 불교를 정치에 이용했어. '황제는 곧 부처다!' 하고 선전했지. 부처를 믿고 따르는 백성들이 자연스럽게 황제를 믿고 따르게끔 말이야. 한반도에 불교가 전해진 것은 삼국시대였지.

당나라 때 중국에서 '선종'이라는 새로운 불교가 유행하기 시작했어. 선종은 사람들에게 누구나 부처가 될 수 있다고 주장했지. 그러나 그것은 무척 어려운 길이었어. 부처가 되기 위해서는 '수행修行'이라는 걸 반드시 해야 해. 쉽게 말하면 앉은 자세로 오랜 시간 명상을 하는 거야. 그런데 이것이 생각만큼 쉽지가 않아.

다리가 아프고 온몸이 쑤시는 것도 고통스럽지만, 가장 참기 힘든 건 졸음이야. 졸음을 쫓고 정신을 맑게 해 주는 약 같은 것이 있으면 참 좋겠는데, 뭐가 좋을까? 커피! 그 옛날 중국에서는 차가 커피의 역할을 했어. 차는 정신을 깨어 있게 하는 카페인 성분이 들어 있어서 수행에 큰 도움이 되지.

차는 선종 승려들에게 정신을 맑게 해 주는 음료였지만, 시간이 지나면서 그 이상의 역할을 하게 돼. 차 마시는 행위 자체가 수행의 일부로 발전한 거야. 찻잎뿐 아니라 차를 담아 마시는 그릇도 중요해졌어. 이때 그 역할을 한 것이 바로 자기로 만든 찻잔이야!

당나라 때 발전한 선종은 신라에도 건너왔어. 당나라에 불교 공부를 하러 간 유학승들을 통해서 말이야. 선종과 함께 차 문화도 함께 들어왔어. 그럼, 청자 찻잔은? 당시 우리나라는 자기를 생산할 수 없었기 때문에 수입해야 했어.

선종과 차 문화가 널리 퍼지면서 청자 수요도 늘어났어. 수입량이 늘어나니 비용도 함께 늘어났지. 경제적 부담이 점점 커졌어. 자기를 직접 생산하고픈 욕망이 꿈틀대기 시작했지.

신라가 멸망하고 고려시대가 시작되었어. 그 무렵 중국에서는 당나라가 멸망하고 '오대십국'이라는 분열의 시대가 이어지고 있었지. 북방에서는 다섯 왕조가 차례로 들어서고, 남방에서는 열 개의 나라가 공존한 시대야. 이후 송나라가 오대십국시대를 통일하게 돼.

남방의 열 개 나라 중에 '오월'이라는 나라가 있었어. 청자 생산이 가장 발달한 지역에 위치해 있었지. 오월 역시 송나라에 의해 멸망했는데, 그 와중에 그곳 청자 장인들이 고려로 건너왔어.

고려 조정은 중국 장인들을 잘 대우해 주었어. 정착시켜서 가마를 만들고 청자를 굽게 했지. 그들을 통해 배우며 우리나라도 드디어 자기를 생산할 수 있게 된 거야.

우리나라는 세계에서 두 번째로 자기 생산국이 되었지만, 중국보다 700~800년이나 늦었어. 처음에는 양적, 질적으로 중국 자기와 격차가 크지 않았을까? 그러나 고려의 도공들은 겨우 백여 년 만에 엄청난 발전을 이룩했어.

1123년 송나라 사신이 고려를 찾아왔어. 서긍이라는 사람인데, 한 달 동안 고려에 머물다가 귀국한 뒤 황제에게 올릴 보고서를 작성했지. 《고려도경高麗圖經》이라는 책인데, 역사, 건축, 인물, 사상, 물품 등 자신이 보고 들은 고려에 대한 모든 것을 담았어. 이 책이 특히 흥미로운 건 그림도 함께 들어 있다는 거야. 서긍은 책의 서문에서 이렇게 밝혔어.

"그릴 수 있는 것은 그림으로 설명하고, 그렇지 않은 것은 글로 기록했다."

제목에 '그림 도圖' 자가 들어간 것도 그 때문이야. 서긍은 《고려도경》에서 고려청자에 대해서도 한마디 남겼어.

"이와 같이 빛깔이 푸른 것을 고려인은 비색이라고 한다."

그러면서 중국 송나라 최고의 청자와 비교해도 손색이 없다고 극찬을 했지. 서긍은 자기가 직접 본 청자 한 점에 대해서도 기록을 남겼는데, 그 내용이 무척 놀라워.

　　"산예출향도 비색이다. 위에는 짐승이 웅

　　크리고 있고, 아래에는 연꽃무늬가 떠

　　받치고 있다. 여러 그릇 중 가장 정교하

　　고 빼어나다."

　　산예출향은 '사자가 장식된 향로'

라는 뜻이야. 실물이 궁금하지?《고려

도경》의 저자 서긍이 '그릴 수 있는 것은

그림으로 설명한다.'고 했으니 책에 그림

이 있지 않을까?

청자 사자 장식 뚜껑 향로　　　ⓒ 국립중앙박물관

　　하지만 안타깝게도 현재 남아 있는《고려도경》에는 그림이 하나도
없어. 송나라가 전쟁 중일 때 불에 타 사라졌거든. 그림을 볼 순 없지
만 글은 볼 수가 있어. 원본이 불에 타기 전에 글만 가지고 따로 만들
어 둔 책이 지금까지 남아 있기 때문이지. 그림을 볼 수 없는 건 아쉽
지만 그래도 불행 중 다행.

　　다만 서긍이 본 것과 비슷한 청자가 남아 있어. '청자 사자 장식 뚜
껑 향로'인데, 국립중앙박물관에 가면 볼 수 있지. 이 향로 사진의 모
습을 보면서 서긍이 직접 본 청자가 어떤 모양이었을지 상상해 봐.
이 청자에다 연꽃무늬를 새기면 거의 비슷한 모습일 것 같구나.

중국에서 일본으로 가던 배가 왜 신안 앞바다에?

다시 신안선으로 돌아가서, 여러 기록과 유물을 토대로 신안선의 항로를 추적해 보자.

1323년 4월, 중국 복건성의 천주라는 항구 도시에서 한 척의 무역선이 출항을 했어. 천주는 당시 중국 최대의 무역항이야. 동남아시아와 서아시아 상품을 싣고 온 상인들이 이곳에서 교역을 했지. 이 무역선은 천주를 떠나기 전에 목재와 동전들을 잔뜩 실었어. 일본의 불교 사찰에서 주문한 것들이야. 서아시아산 목재는 사찰 건축에 쓸 자재야. 동전은 일본 정부에서 화폐로 유통시키려고 수입한 거지. 주조하는 것보다 수입해다 쓰는 것이 경제적이라고 생각했거든.

천주를 출발한 무역선은 중국 동남해안을 따라 올라가며 항구 도시 몇 곳에 들러 자기를 비롯한 여러 물품들을 추가로 실었어. 6월 초쯤 명주(지금의 닝보)라는 항구 도시에서 드디어 일본을 향해 항해를 시작했지. 그러다가 신안 앞바다에 이르렀을 무렵 침몰하고 만 거야.

그런데 이상한 점이 있어. 중국 명주에서 출발한 배가 일본까지 일직선으로 쭉 항해했을 텐데, 왜 엉뚱하게 신안 앞바다까지 가서 침몰한 거지? 항해한 때가 6월~7월이니 태풍이나 장마를 만나 표류하는 바람에 한반도 쪽으로 흘러와 침몰한 걸까?

신안선 해로

　그렇지 않아. 당시 신안선은 명주에서 일본으로 일직선으로 가는
해로를 이용하지 않았어. 한반도의 남해안을 거쳐 가는 해로를 이용
했지. 그 이유는 무엇일까?

　우선 6~7월의 해류와 편서풍을 감안하면 동북 방향으로 항해해야
순풍을 받기가 좋았다는구나. 그리고 그곳 섬 지역에 도착하면 물을
공급받고 선원들을 잠시 쉬게 할 수도 있었겠지. 혹시 알아? 그 배에
고려인도 타고 있었을지? 온 김에 고려인이 배에서 내렸을지도 모르
지. 그럼, 고려청자 일곱 점은 어떻게 신안선에 실리게 된 걸까?

중국 무역선에 고려청자가 실린 까닭

서긍이 송나라에 돌아와 책을 통해 고려청자를 극찬한 이후, 중국 황제를 비롯해서 상류층 사람들 사이에 고려청자의 인지도가 높아졌어. 그리고 서긍처럼 고려를 다녀오는 사신이나 고려에서 오는 사신이 가져온 것을 통해 고려청자의 실물이 알려지면서 크게 인기를 끌었지.

한편 송나라는 몽골의 침입을 받아 남쪽의 항주라는 도시로 수도를 옮겼어. 이후에도 고려청자를 계속해서 수입했지. 당시 송나라와 고려의 교역이 가장 활발했던 도시가 바로 명주야. 최근 이 지역에서 '궁전'이나 '귀비'라는 글자가 새겨진 고려청자 파편이 발견되었다는구나. 고려청자가 황실과 상류층 사이에서 인기를 끌었음을 보여 주는 증거지. 송나라가 멸망하고 원나라가 중국을 차지한 뒤에도 고려청자의 인기는 식지 않았어. 이들 가운데 일부가 일본으로 향하는 신안선에 실린 거야.

그렇다면 왜 일곱 점뿐이었을까? 어쩌면 청자들을 배에 실을 때 중국산인지 고려산인지 따지지 않고 그냥 실었을 수도 있어. 둘 다 중국산으로 보였을지도 모르니까. 다른 가능성도 있어. 신안선에서 발견된 고려산 물품은 고려청자만이 아니었어. 청동 숟가락과 밥그릇도 나왔는데, 이건 배에 타고 있던 고려인이 사용하던 거야. 그렇다면 일곱 점의 고려청자는 무역품이 아니라 고려인의 개인 물품이었을 수도 있어.

어쨌든 고려에서 생산된 고려청자가 원나라에 갔다가 일본으로 가는 무역선을 타고 가는 도중에 신안 앞바다에서 침몰했고, 최근에 발견되어 우리나라로 돌아왔어. 650년 만에 고향으로 돌아온 셈이지. 그 까닭이나 과정을 짐작하고 공부하는 것은 후대 사람들의 몫이야.

08
이슬람 기획, 중국 제작
- 데이비드 꽃병

길쭉한 병 두 개가 서 있어. 흰 바탕에 푸른색으로 그림을 그렸구나. 둘이 쌍둥이처럼 똑같은 그림이야. 병의 불룩한 부분에 그려진 용, 보이지? 두 개의 병을 함께 살펴보면, 비늘 달린 몸통에 기다란 다리가 두 개이고, 날카로운 발톱이 네 개씩 달려 있어.

용은 현실에 존재하지 않아. 사람들이 만들어 낸 상상의 동물이지. 어떤 사람은 용이 뱀의 몸통과 낙타의 머리에 거북이의 눈, 물고기의 비늘, 매의 발톱을 지녔다고도 해. 어때, 그런 것 같아? 아무튼 여러 동물을 합쳐 만들었으니, 용은 최고의 동물이라고 봐도 되지 않을까? 그래서 사람들은 용을 황제나 왕에 비유하곤 했어. 왕이 앉는 자리는 용상, 왕이 입는 옷은 용포라고 하잖아? 그래서인지 수염을 휘날리며 입을 벌리고 있는 용의 표정이 위풍당당해 보이는구나.

S자 모양의 용 위아래로 꼬불꼬불 꼬리 달린 무언가가 떠다니고 있어. 이건 구름이야. 용이 하늘을 날아다니고 있는 모습을 표현했다는

걸 알 수 있지. 병의 입 부분과 아랫부분, 그리고 중간의 허리띠처럼 보이는 곳에는 식물 무늬들이 그려져 있어.

그런데 이 병에는 용 말고도 동물이 하나 더 있어. 상상의 동물이 아니라 진짜 동물이! 어디에 있는지 숨은 동물 찾기를 해 볼까? 잘 모르겠다면 힌트를 하나 줄게. 이 동물은 그림으로 그려진 것이 아니라 병의 일부야. 정답은 코끼리! 코끼리의 긴 코를 이용해서 손잡이 두 개를 만들어 놓았어. 참 기발하지?

이 병은 용도가 무엇일까? 키가 60센티미터 넘으니까 물병으로 쓰기에는 너무 큰 것 같고, 무언가를 꽂아 놓으면 좋을 것 같아. 그래, 이건 꽃병이야.

데이비드 꽃병(부분)

이 꽃병이 전시되어 있는 곳은 영국 런던에 있는 퍼시벌 데이비드 박물관이야. 퍼시벌 데이비드는 이 병을 소장한 사람의 이름이야. 그래서 '데이비드 꽃병'이라고 부르지. 영국이 이렇게 멋진 도자기를 보유하고 있는 걸 보니, 중국 못지않은 도자기 강국이었던 걸까?

왼쪽 꽃병의 목 부분을 자세히 보

면, 무언가 글씨가 쓰여 있는 것 같아. 어? 그런데 영어가 아니라 한문이네! 전문가의 해석을 빌려 보면, 이런 내용이야.

"1351년 4월 신주로 옥산현의 '장원진'이 가족의 번영과 자녀의 평안을 위해 이 꽃병 한 쌍을 '도관'에 바칩니다."

1351년이면 몽골족이 세운 원나라가 중국을 지배하던 때야. 신주로 옥산현은 중국 지명이고, 장원진은 사람 이름, 도관은 도교의 사원. 그러니까 이 꽃병 한 쌍은 영국이 아니라 중국에서 만들어진 거야. 퍼시벌 데이비드가 1929년 중국에서 구입해 영국으로 가져왔고, 자신이 세운 박물관에 전시했지.

이 백자는 흰색 자기에 푸른색 그림을 그린 거라 '청화백자'라고 해. 그런데 청화백자에는 세계 자기의 역사를 바꾼 특별한 이야기가 숨어 있어.

백자를 좋아한 몽골인들

잠시 서긍 이야기를 떠올려볼까? 서긍은 고려청자를 송나라 최고의 청자와 비교해도 손색이 없다고 칭찬한 적이 있었지. 하지만 당시 송나라는 청자뿐 아니라 백자도 생산하고 있었어. 제작 기술도 예술성 면에서도 이미 최고 수준에 올라와 있었지. 그런데 송나라에게 불행한 일이 닥쳤어. 여진족이 세운 금나라의 침입을 받아 대륙의 절반을 내주고 남쪽으로 후퇴해야 했던 거야. 이때부터 나라 이름을 '남송'이라고 불러.

하지만 이건 불행의 시작일 뿐이었어. 몽골족이 칭기즈 칸이라는 걸출한 영웅을 앞세워 몽골 초원을 통일하더니 아시아 전역으로 뻗어 나가기 시작한 거야. 칭기즈 칸이 죽은 뒤에도 그의 계승자들은 정복 전쟁을 계속했고 서쪽으로는 유럽, 남쪽으로는 중국을 위협했지. 결국 몽골은 남송을 멸망시켜 중국 전체를 차지했어.

몽골인들은 중국이 이룩한 찬란한 문명에 입을 다물지 못했어. 그중에서도 자기는 실용성과 예술성 두 가지 측면에서 감동 그 자체였지. 몽골인들은 특히 백자를 좋아했어. 분명하지는 않지만, 그들이 평소에 마시는 동물의 젖과 관계가 있다고 보는 학자도 있어. 생명처럼 소중하게 여기는 젖이 흰색이라 백자를 좋아한다는 거야. 아무튼 그래서인지 몽골의 황실과 조정에서는 백자를 즐겨 사용했어. 지금까지 남아 있는 그 시대의 백자 중에 '추부'라는 글자가 찍힌 것이 있는데, '추밀원'이라는 행정조직을 뜻해. 도공이 백자를 생산한 뒤 추밀원에 보내기 전에 도장으로 찍은 거지. 이걸 통해 몽골 조정에서 백자가 사용되었다는 걸 짐작할 수 있어.

한편, 몽골은 수십 년 동안 정복 전쟁을 벌여 유라시아 대륙의 많은 부분을 차지하는 대제국을 건설했어. 몽골의 지배에 수많은 나라와 백성들이 고통을 받았지만, 긍정적인 면도 있었어. 유라시아 대륙이 하나의 영토로 통합되면서 지역들 사이의 왕래가 전보다 훨씬 자유로워진 거야. 몽골 조정은 도로의 일정한 거리마다 역참이라는 것을 설치했어. 지금으로 치면 여관이나 휴게소 같은 장소야. 이렇게 무역하기에 좋은 여건이 갖추어지자, 서아시아의 무슬림 상인들이 활발하게 중국을 왕래하며 무역에 종사했어. 그러면서 다양한 중국 상품을 거래했는데, 도자기도 중요한 품목 중 하나였지.

사실 서아시아 사람들은 오래전부터 중국 자기를 사용하고 있었어. 이슬람교에서는 금이나 은으로 만든 접시에 음식을 담아 먹는 것을 사치스럽다는 이유로 금지했기 때문에, 부유층은 그걸 대체하기 위해 중국 자기를 사용했지. 중국 자기도 사치스럽긴 마찬가지이지만, 어쨌든!

그런데 몽골제국 시대에 중국에 온 무슬림 상인들은 예전과 다른 새로운 자기, 즉 '백자'가 유행하는 모습을 보게 되었어. 물론 그전에도 백자가 있었지만 주로 푸른 기운이 감도는 백자였는데, 당시 유행한 건 색이 완전히 하얀 백자였던 거야. 몽골 조정이 도공들에게 순백자를 만들게 했기 때문에 생긴 변화였지.

무슬림 상인들은 이 순백자를 무척 좋아했지만, 여기에 만족하지 않았어. 더 좋은 아이디어가 떠올랐거든.

"그동안은 중국인들이 만들어 주는 대로 수입했지만, 이제부턴 우리가 원하는 걸 따로 주문하자!"

그들의 아이디어는 무엇이었을까? 어떤 자기를 원했던 걸까?

청화백자의 탄생

서아시아인들은 전통적으로 푸른색을 좋아했다고 해. 그들이 사는 곳이 건조지대라 물이 무척 귀했기 때문에 자연스럽게 푸른색을 좋아했다는 거야. 그래서 물건에도 푸른색을 많이 사용했다는구나. 예를 들면 도기를 만들 때도 주로 푸른색 안료를 사용했어. 모스크 건축에 필요한 타일도 푸른색 안료를 써서 만들었지. 터키의 이스탄불에는 1600년대 초에 만든 '술탄 아흐메드 모스크'라는 이슬람 사원이 있는데, 모스크 안쪽 벽을 푸른색 타일로 장식해서 '블루모스크'라 부르기도 해. 건조지대의 한가운데에 이런 모스크가 있으니, 사람들은 마치 오아시스처럼 느끼지 않았을까?

서아시아인들이 사용해 온 이 푸른색 안료의 정체는 '코발트'(원자번

술탄 아흐메드 모스크 내부

호 27번)야. 코발트는 1300도에 가까워질 때 가장 아름다운 빛깔을 내는 성질이 있어. 그런데 서아시아의 도자기는 불의 온도를 800도까지 밖에 끌어올리지 못해 도기 수준에 머물러 있었기 때문에 코발트의 장점을 제대로 살리지 못했어. 하지만 코발트가 중국의 백자와 결합한다면 이야기가 달라지는 거지.

서아시아인들이 코발트를 사용할 수 있었던 건, 지금의 아프가니스탄이나 이란에서 많이 생산되었기 때문이야. 만약 중국에도 매장되어 있었다면, 중국 도공들이 그 좋은 걸 가만 놔두지 않았겠지.

무슬림 상인들이 떠올린 아이디어는 바로, 중국의 기술과 서아시아의 코발트를 결합시키는 거야. 코발트를 중국 도공에게 가져다주면서 이렇게 주문하는 거지.

"백자에다가 이 코발트로 그림을 그려 주시오! 그러면 값을 후하게 쳐주겠소!"

이렇게 만든 자기가 서아시아로 오면 정말 대박 상품 되는 거 아니겠어? 중국 도공이 고개를 끄덕이며 이런 질문을 했겠지.

"문양은 어떤 걸 해 드릴까요? 동물 좋아하세요? 용 그림이 최곤데, 어때요?"

당연히 수요자가 원하는 문양을 넣어 주어야겠는데, 서아시아인들은 어떤 무늬를 원했을까? 여기에서 우리는 그들이 믿었던 이슬람교의 특성을 이해할 필요가 있어.

이슬람교에서는 우상 숭배를 금지하고 있어. 그래서 어떤 물건을 장식할 때 사람이나 동물을 넣을 수 없게 되어 있지. 반면 식물 무늬는 오케이! 특히 서아시아인들은 이슬람교가 등장하기 전부터 식물 문양을 좋아했어. 꽃과 나무가 귀한 지역이라서 말이야. 특히 건조지대에서 주로 재배되는 포도 무늬가 인기를 끌었다는구나. 무슬림 상인들은 서아시아에서 생산한 금속 세공품이나 양탄자, 직물 같은 것

이슬람 지역으로 수입된 중국 청화백자

을 가져와 중국 도공에게 보여 주었어.

"여기에 새겨져 있는 식물 문양을 자기에 똑같이 그려 주시오."

무슬림들은 밥을 먹을 때 큰 그릇에 음식을 담아 여러 사람들이 둘러앉아 함께 먹는 풍습이 있었다고 해. 그래서 다른 지역에 비해 상대적으로 큰 자기를 주로 주문했지.

이렇게 해서 서아시아 맞춤형 자기가 탄생했어. 역사상 최초의 청화백자였지.

예민한 도자기의 기발한 운반법

청화백자는 서아시아로 어떻게 운송되었을까?

오른쪽의 그림을 보자. 수많은 사람들이 어디론가 가고 있어. 나귀를 탄 사람도 있고 걷는 사람도 있네. 가장 먼저 왼쪽 아래의 수레로 눈이 가는구나. 바퀴 모양이 특이해. 가운데에 두 개의 큰 바퀴가 있고, 앞뒤로 작은 바퀴 네 개가 받치고 있는 모습이야. 수레에 도자기들이 실려 있는데, 흰색 바탕에 푸른색 문양이 그려진 도자기가 보여. 청화백자야! 손에 들고 가는 사람 것까지 해서 모두 다섯 점이네. 학자들은 이 그림에 대해 시집을 보내는 일행의 모습을 그린 것으로 해석하고 있어. 오른쪽 끝에 나귀를 탄 여인이 신부인데, 중국 여인인 것 같아. 이 여인은 어디로 시집을 가고 있을까? 그림에 보이는 다양한 물건들은 결혼 예물인 것 같은데, 청화백자가 포함되어 있는 걸 봐서는 서역으로 가고 있는 것이 아닐까 싶어. 이 그림은 터키의 한 궁전에 벽화의 형태로 남아 있으니 그렇게 볼 수도 있을 것 같아.

그렇다면 이 신부 일행은 꽤 먼 거리를 이동하고 있었던 셈인데, 도자기를 수레에 실은 모습이 너무 허술해 보이지 않아? 길을 보면 포장이 잘 된 도로 같지 않고, 설사 포장도로라 하더라도 가는 길에 파손되기 십상 아닐까? 도자기는 예민한 물건이라 깨지거나 금이 가거

서역으로 간 도자기

© 톱카프 궁전 박물관

나 흠집이 생기기 쉬운데, 어쩌려고 이렇게 나르고 있는 걸까?

아마도 실제 모습을 보고 그린 건 아닐 거야. 청화백자가 유난히 두
드러져 보이는데, 청화백자를 강조하고 싶어서 이런 식으로 그렸겠
지. 제대로 포장한 모습으로 그리면 그 안에 어떤 물건이 있는지 그림
보는 사람이 알아볼 수 없으니 말이야.

도자기를 운반할 때는 보통 대량으로 해야 하니까 겹쳐 쌓았는데,
도자기와 도자기 사이에 진흙을 발랐다고 해. 실크로드를 이용하면
주로 건조한 사막을 건너는 시간이 많으니까 그 진흙이 살짝 굳으면
서 충격을 흡수할 수 있어. 목적지에 도착하면 진흙을 물에 풀어 도자

기를 분리해 내지. 해로를 이용하는 경우에는 도자기 사이에 볍씨를 채워 넣었다고 해. 바다가 습하니까 싹이 나고 줄기도 나고 뿌리도 나고 해서 '뽁뽁이' 역할을 하는 거지.

서로 다른 문화가 만나 새로운 자기를 창조하다

청화백자의 탄생에는 몽골인의 역할도 컸어. 사실 몽골 조정은 자기 생산에 대한 생각이 송나라 때와 달랐어. 송나라는 자기 생산이 최고로 발전한 나라이긴 하지만, 자기의 형태나 무늬에 대한 조정의 간섭이 심해서 도공들이 창의성을 발휘하기가 어려웠다는구나. 반면 몽골의 지배자들은 도공들이 마음껏 만들 수 있게 허용했어. 도공들은 다양한 형태와 무늬를 시도할 수 있었는데, 이것이 새로운 자기의 창조로 이어진 거야. 몽골제국 시기에 청화백자가 탄생한 건 무슬림 상인의 아이디어와 중국 도공의 기술이 결합되었기 때문이지만, 몽골 조정이 그런 분위기를 만들어 준 측면도 컸지.

몽골의 지배자들이 이렇게 한 건, 자신들에게도 유리했기 때문이야. 나라의 수입을 늘릴 절호의 기회! 몽골 조정은 자기 생산을 감독하기 위한 관청을 설치했어. 도공들에게 청화백자를 마음껏 생산할 수 있게 해 주는 대신, 자기에 세금을 부과해서 나라의 수입을 늘렸지. 청화백자를 구입하는 무슬림 상인들에게 세금을 부과하는 것도 물론 잊지 않았고 말이야.

청화백자는 무슬림 상인을 통해 비싼 값에 수출되었어. 도기 제작 단계에 머물러 있었던 서아시아인들에게 중국 자기는 오래전부터 고가의 사치품이었는데, 구매자의 취향까지 반영해서 맞춤형으로 제작했으니 그 값은 우리의 상상을 뛰어넘는 정도였을 거야.

청화백자는 서아시아 사람들을 위한 상품이었지만, 몽골의 지배층이나 중국 부유층들도 좋아했어. 푸른색 그림이 들어간 청화백자는 이국적인 매력을 느끼게 해 주었지. 서아시아에서 온 식물 무늬가 중국인들의 마음을 사로잡아 중국 도자기에 유행하기 시작했어. 그래서 중국 도공들은 청화백자를 만들 때 수출용 대형 자기를 만들면서도 내수용 소형 자기도 함께 만들었어.

그럼, 앞에서 살펴본 데이비드 꽃병은 서아시아 수출용이었을까, 중국 내수용이었을까? 꽃병에 쓰여 있는 설명을 보아서 알겠지만, 같은 중국인에게 주기 위해 제작된 거야. 하지만 그 설명이 없더라도, 이 꽃병은 중국인을 위한 거라는 걸 눈치 챌 수 있어. 힌트는 용 그림이야. 무슬림은 동물 문양을 사용하지 않기 때문에 그들을 위한 것이었다면 용을 그리지 않았겠지.

데이비드 꽃병에는 중국이나 우리나라 자기에서 흔히 볼 수 있는 용과 구름 그림에 무슬림이 좋아하는 식물 문양이 함께 그려져 있어. 중국과 서아시아라는 서로 다른 문화가 융합되어 세계인이 다함께 좋아하는 새로운 문화를 창조했다는 걸 이 청화백자가 입증해 보여 주고 있지.

09

도자기 전쟁
_도잔신사 도리이

두 개의 기둥이 서 있어. 그 위에 가로대가 하나 놓여 있는데, 새가 날개를 펼친 모습이야. 한눈에 한글 모음 'ㅠ'가 떠올라. 그런데 가로대 아래에 가로대가 하나 더 있어. 두 기둥에 구멍을 뚫고 가로대를 끼워 연결한 모습이야. 두 기둥이 넘어지지 않게 받쳐 주는 역할을 하고 있구나.

얼핏 장식품 같아 보이는 이건 사실 문이야. '도리이'라고 부르지. '신사'라는 곳의 정문 역할을 해. 일본에 가면 흔히 볼 수 있지.

신사는 '신토神道'라는 종교의 의식을 행하는 곳이야. 기독교의 교회, 천주교의 성당, 불교의 절과 비슷하다고 보면 돼. 신토는 일본의 전통 종교야. 하늘, 땅, 해, 달, 산, 바다, 식물, 동물 등 자연에 있는 온갖 것을 신으로 믿을 뿐 아니라 우리가 일상에서 흔히 사용하는 물건들에도 신이 깃들어 있다고 생각하지. 조상님이나 역사 인물, 전쟁에서 죽은 사람도 신으로 모셔. 그래서 일본 '신토'에는 신의 수가 800

만이라고 말하는 이들도 있어. 엄청난 숫자지?

사진으로만 봐서는 알아채기 어렵지만, 사실 이 도리이는 도자기로 만든 거야. 도리이는 주로 나무로 만들어. 최근에는 돌이나 콘크리트, 철도 사용한다고 해. 그런데 이 도리이는 특이하게도 재료가 도자기야. 왜 도자기일까? 이 신사에 모신 신과 관계가 있을 것 같아.

막사발 하나로 적을 굴복시키다

일본은 오랫동안 중국 자기의 수입국이었어. 중국에 이어 우리나라가 자기 생산국이 된 뒤에도 일본은 오랫동안 자기 생산 기술을 갖지 못했지.

일본도 우리나라처럼 중국 불교의 영향을 받았어. 유학승을 통해 선종을 도입하면서 자기 찻잔 수요가 늘어났지. 신안선을 다시 떠올려 봐. 이 배는 중국에서 일본으로 가는 배였고, 2만 점이 넘는 도자기가 실려 있었어. 그만큼 일본인의 수요가 높았음을 신안선에서 발굴된 도자기들을 통해 알 수 있지.

우리나라가 조선시대가 된 이후에는 조선의 도자기가 일본에서 유행했어. 당시 일본은 하나의 통일된 나라가 아니었어. '다이묘'라 부르는 수많은 지방 세력들이 서로 으르렁거리며 땅 따먹기를 하고 있었지. 이 시대를 일본에서는 '전국시대'라고 하는데, 특히 당시 다이묘들이 조선 도자기를 좋아했어.

다이묘들의 조선 도자기 사랑은 정말 유별났어. 조선의 고급 청자나 백자도 물론 좋아했지만, 무엇보다 갖고 싶어한 건 조선의 막사발이야. 막사발은 우리가 보기에는 볼품없는 그릇일 뿐이야. '사발' 앞에 붙은 '막' 자는 '마구'의 의미야. 마구 때리다, 마구 먹다, 마구 달리다 할 때의 '마구'를 줄인 말이지. 처음에는 밥이나 국을 담을 때 쓰다가 때 묻고 금이 가면 막걸리 잔으로 쓰고, 더 상하면 개밥그릇으로 쓰던 그릇인데, 일본인들의 마음을 사로잡은 거야. 왜 그랬을까?

일본도 우리나라처럼 선종이 들어오면서 차와 함께 자기 찻잔이 수입되었다고 했지? 차 문화는 명상을 해야 하는 승려들의 문화였는데, 일본의 귀족이나 무사들 사이에도 점점 퍼졌어. 그들은 화려한 집에 화려하게 꾸민 다실에 앉아 중국의 고급 자기 찻잔에 차를 마셨어. 사람들은 손님을 초대해 놓고 차를 대접하며 찻잔 자랑을 했지. '누구 찻잔이 더 멋진가' 하는 경쟁이 벌어졌고, 사치와 낭비가 점점 심해졌어. 차 문화는 원래 정신을 맑게 하기 위해 시작된 건데, 오히려 정신을 타락시키는 방향으로 퇴보한 거야.

이러한 차 문화를 비판하는 사람들이 생겨났어. 형식에 치우치기보다 정신을 중요하게 여겨야 한다며 소박함과 순수함을 강조했지. 여기에 공감하는 사람이 늘어나면서 차 문화가 180도 바뀌었어. 이제는 꾸미지 않은 아주 작은 방을 선호하게 되었고, 찻잔도 보잘것없는 것을 사용하기 시작했어.

소박함과 순수함을 중시하는 생각이 퍼져 나가면서, 조선 막사발이 그들의 새로운 취향과 잘 맞아떨어지게 됐어. 조선 막사발은 모양도 좀 찌그러지고, 긁히거나 금 간 것 같은 자국도 보이고, 색도 일정하지 않고, 얼룩도 나 있고, 한마디로 말해 볼품이 없어. 하지만 그렇기 때문에 오히려 꾸밈없고 솔직하고 자연스러워 보일 수 있는 거지. 일본인들은 이 막사발을 '다완'이라고 불렀어. '찻잔'이라는 뜻이야.

조선 다완 © Wikimedia Commons

세계사를 담은 도자기 이야기

전국시대의 다이묘 중에 오다 노부가나라는 사람이 있었어. 포르투갈 상인을 통해 일본에 들어온 조총을 대량 생산하고, 조총 전술을 창안해 다른 다이묘들을 물리치고 일본을 거의 통일한 사람이야. 하지만 오다 노부나가는 적을 이기기 위해 무력만 사용한 건 아니었어. 한번은 이런 적이 있었어. 다이묘들 중 가장 막강한 라이벌을 자기편으로 끌어들이려고 조선 다완을 선물했어. 그랬더니 상대가 감동해서 오다에게 고개를 숙였지. 피 한 방울 흘리지 않고 라이벌의 군대를 복종시킨 거야. 이 소문은 다른 다이묘들 사이에도 퍼졌고, 이후 조선 다완의 가치가 더욱 높아졌다는구나.

오다 노부나가는 전쟁도 잘하고 다른 사람의 마음도 움직일 줄 알았지만, 자기 부하는 제대로 단속하지 못했어. 부하에게 배신을 당해 죽음으로 내몰렸지. 일본 통일이라는 목표는 후계자 도요토미 히데요시의 손으로 넘어갔어.

도요토미도 오다처럼 다완을 전술에 사용했어. 예를 들면 이런 식이야. A가 도요토미에게 다완을 선물 받았어. 그런데 얼마 뒤 B의 공격을 받았지. A는 도요토미에게서 선물 받은 다완을 B에게 보여 주었어. 그건 "우리는 도요토미와 동맹을 맺은 사이야!"라는 뜻이야. 그러자 B는 부담을 느끼고 공격을 그만두었지.

도요토미 히데요시는 조선 도자기를 개인적으로 좋아하는 것에 만족하지 않았어.

'자기를 우리나라에서 직접 생산할 수 있다면……'

그동안 수많은 일본인들이 자기를 직접 생산하려다가 실패했어. 도요토미는 예전의 실패들을 교훈 삼아 새로운 방법을 생각해 냈어. 그것은 무엇이었을까?

일본으로 건너가 도자기의 신이 되다

오다 노부나가의 후계자가 된 도요토미 히데요시는 결국 일본을 통일하고 1592년, 조선을 침략했어. 임진왜란이 시작된 거야. 일본은 오랜 전쟁으로 단련된 군사들과 조총의 위력을 앞세워 순식간에 평양까지 점령했어. 그러나 조선 수군과 의병이 일본군에게 승리를 거두기 시작하고 명나라의 구원병까지 힘을 보태자, 일본군은 더는 진격하지 못하고 물러나야 했지. 이후 일본은 명나라와 강화 협상을 벌였지만 결렬되자 1597년, 다시 조선을 침략했어. 이 사건을 정유재란이라고 해.

도요토미 히데요시는 이번에는 보통의 전투부대 이외에 여섯 개의 특수부대를 파견했어. 포로부, 도서부, 공예부, 금속부, 보물부, 축부

가 그것이야. 포로부는 조선의 일반 백성들을 포로로 잡았고, 도서부
는 책, 금속부는 금속 예술품이나 금속활자, 보물부는 금은보화나 귀
중품, 축부는 가축을 포획했지. 우리가 특히 관심을 가져야 할 것은
공예부야.

도요토미 히데요시는 이런 명령을 내렸어.

"조선인이 쓰던 도자기라면 무엇이든 좋다. 개밥그릇이든 요강이든
모조리 가져와라!"

그뿐이 아니야. 이참에 오랫동안 꿈꿔 온 목표, 즉 자기의 직접 생
산에 도전하기로 마음먹었지.

"조선인 포로 중에서 세공을 하는 자, 손재주가 있는 자는 모두 데
려오라!"

공예부의 임무에는 도자기뿐 아니라 도공을 포로로 잡아 오는 것도
포함되어 있었어.

정유재란이 한창일 때 도요토미 히데요시가 죽었다는 소식이 들려
왔고, 7년간의 전쟁이 모두 끝났어. 그런데 퇴각하는 일본군의 배에
는 특수부대가 사로잡은 조선인 포로와 수많은 물자가 실려 있었어.
그중에는 도공들도 포함되어 있었지.

일본군 장수들은 철수하는 과정에서 경쟁하듯 조선 도공들을 끌고
왔어. 그중에 나베시마 나오시게라는 규슈 출신의 장수가 있었는데,

그가 잡아 온 도공들 중에 '이삼평'이라는 사람이 있었어. 당시 이삼평의 나이는 스무 살. 나베시마는 그에게 자기 제작을 명령했어.

당시 일본의 도자기 산업은 도기 제작 수준에 머물러 있었어. 자기를 생산하려면 두 가지 조건이 필요하다고 했지? 1200도 이상의 온도와 고령토야.

이삼평이 보기에 온도를 높이는 건 가능한데 문제는 흙이었어. 이삼평은 자기 생산에 필수적인 고령토를 찾아 20년 가까이 떠돌았고, 규슈의 아리타에 있는 한 광산에서 원하던 흙을 드디어 찾아냈어. 어느덧 서른여덟 살이 된 이삼평은 이 흙을 가지고 본격적으로 자기 생산을 시도했고, 결국 성공을 거두었어.

이후 다른 지역에서 살던 조선 도공들도 아리타로 왔어. 아리타에 조선 도공 900여 명이 사는 마을이 생겨났고, 가마도 40개가 넘게 만들어졌지.

1655년 이삼평이 세상을 떠나자, 일본인들은 그를 기념하는 장소를 만들었어. 오른쪽 사진을 봐. '도조이삼평비'라고 새겨져 있어. '도조'는 '도자기의 시조'라는 뜻이야. 일본인들이 일본 최초로 자기를 제작한 이삼평을 기려서 이 기념비를 세웠지.

그뿐이 아니야. 일본은 800만 신을 섬기는 신토의 나라라고 했지? '도조' 이삼평을 신으로 섬겼고, 그를 위한 신사도 만들었어. '도잔신

도조 이삼평 비

© Wikimedia Commons

사陶山神社'라고 하지.

이제 앞에서 본 도리이가 어느 신사의 정문인지, 도리이를 도자기로 만든 까닭이 무엇인지 알게 됐을 거야.

원조를 뛰어넘은 모방품

일본 자기는 엄청난 속도로 성장했어. 그중에서도 최고는 이삼평의 자기였지. 만든 지역 이름을 따서 '아리타 자기'라고 불렸어. 이 자기에는 '이마리 자기'라는 별칭도 있었어. 아리타 자기가 '이마리'라는 이름의

이마리 채색 동식물 무늬 접시   © 국립중앙박물관

항구를 통해 해외로 수출되었기 때문에 해외에서는 주로 '이마리 자기'라고 불렸지. 일본 자기가 외국으로 수출된 건 자기 생산에 성공한 지 30년도 채 되지 않았을 때야. 일본은 우리나라보다 자기 생산이 600년 정도 늦었는데, 그게 어떻게 가능했을까?

당시 세계는 대항해시대를 맞이하고 있었어. 포르투갈과 에스파냐 상인들이 바다를 통해 중국과 일본으로 왔고, 뒤이어 네덜란드도 이 대열에 합류했어. 그런데 일본이 쇄국정책을 펴면서 네덜란드를 제외한 다른 나라의 입국을 모두 막은 거야.

당시 네덜란드는 중국 자기를 다량으로 수입해 유럽 시장에서 경매로 큰돈을 벌고 있었어. 그런데 중국에서 명나라가 멸망하고 청나라가 들어서는 사이에 수십 년 동안 전쟁이 벌어졌어. 네덜란드의 자기 수입에 적신호가 켜진 거야. 그런데 그때 마침 일본이 자기 생산에 성공했어. 네덜란드는 일본 자기를 수입하기로 했어. 대신 중국풍 자기를 만들어 달라고 주문했고, 일본도 여기에 호응했지.

중국의 정세가 안정된 뒤에도 일본은 중국과 경쟁하며 네덜란드를 통해 유럽에 계속 자기를 수출했어. 처음에는 중국 자기를 모방했지만, 점차 독자적인 자기를 만들어 수출했고, 유럽인의 마음을 사로잡기 시작했지.

당시 중국은 청화백자로 전 세계의 이목을 끌고 있었지만, 일본은 아리타를 중심으로 채색자기를 개발했어. 특히 유럽인의 마음을 사로잡은 건 '킨란테〔金襴手〕', 금채로 무늬를 새긴 도자기야. 일본의 풍경이나 일본적인 풍속을 보여 주는 호화로운 장식을 좋아하는 유럽 귀족들의 취향과 잘 맞았다는구나. 1659~1682년에 네덜란드를 통해 유럽으로 수출된 아리타 도자기가 무려 20만 점 가까이나 된다고 해.

네덜란드 상인은 일본 자기를 유럽에 팔 때 처음에는 중국산이라고 속였지만, 점차 그럴 필요가 없게 되었어. 이후에는 오히려 중국이 이마리 자기를 모방하여 수출하는 일이 벌어지기도 했지. 그런 자기를 '차이니즈 이마리'라고 해.

일본은 오랫동안 자기의 직접 생산에 목말라 있었어. 임진왜란과 정유재란을 통해 이삼평을 비롯한 수많은 조선 도공을 포로로 잡아가 자기 생산에 성공함으로써 그 갈증을 풀 수 있었지. 우리나라와 마찬가지로 쇄국정책을 펼쳤지만, 일본은 네덜란드라는 창을 열어 두었다는 점에서 우리나라와는 달랐어. 일본은 자기 생산이 우리나라보다 600~700년 늦었지만, 자기로 세계와 소통한 덕분에 명성에서는 더 앞섰던 거야.

10
유럽의 '차이나' 열풍
-델프트 도기 튤립 꽃병

길쭉하게 생긴 도자기야. 절에 흔히 있는 탑처럼 생겼어. 아래가 직사각형의 기단부이고, 맨 위를 상륜부라고 보면, 가운데가 탑신부인 셈인데, 대개의 탑이 그렇듯이 올라갈수록 피라미드처럼 점점 좁아져. 닮은꼴의 계단이 모두 아홉 개이니 9층탑이라고 해야 할까? 기단부의 아래에 사자처럼 생긴 동물 네 마리가 탑을 떠받치고 있고, 기단부와 탑신부 사이에는 사람 머리를 한 동물들이 끼어 있구나.

흰색 바탕에 푸른색 그림이 가득 그려져 있어. 기단부와 탑신부 곳곳에 중국의 전통 가옥과 중국인의 모습이 그려져 있고, 사이사이에 다양한 식물 무늬들이 있어. 상륜부에는 사람인지 동물인지 상반신만 붙어 있어.

이 도자기는 어떤 용도로 만든 걸까? 힌트는 탑신부에 있어. 아홉 개 층의 각 모서리에 짧은 대롱이 위를 향해 솟아 있는데, 사람의 얼굴이 붙어 있어서인지 입처럼 보여. 4 곱하기 9 해서 모두 36개인데,

입을 왜 이렇게 우스꽝스런 모양으로 만들어 놓은 걸까?

이건 꽃을 꽂아 두는 용도로 만든 거야. '자기로 만든 화분'이란 뜻으로 '화반'이라고도 하는데, 모양이 피라미드나 탑 모양이니 '화탑'이라고 이름 지어도 좋겠구나. 36개의 구멍에 꽃 달린 줄기를 하나씩 꽂아 두면 꽃들이 화반을 감싸 제법 아름다운 모습일 것 같네.

흰색 바탕에 푸른색 그림이 그려져 있고 그림 내용이 중국적이고 식물 무늬까지 있는 걸 보면, 앞서 본 데이비드 꽃병처럼 중국에서 만든 청화백자처럼 보여.

유럽의 중국 도자기 열풍

지금부터는 무슬림이 주문하고 중국 도공이 만든 청화백자가 서아시아와 중국에서 인기를 끌 무렵, 유럽의 상황은 어땠는지 살펴보자.

먼 옛날에는 유럽인이 중국과 직접 교류하는 일이 무척 드물었어. 몽골제국 시대부터 유럽인이 중국에 가는 경우가 종종 생겼지. 가장 먼저 마르코 폴로가 떠오르는데, 그가 쓴 《동방견문록》에 중국 도자기에 관한 기록이 있어.

"한 마을에 도착했다. 마을에서는 자기 밥그릇과 접시가 만들어졌으며, 현지인들은 특수한 점토를 채취하여 (…) 그것을 사용하여 밥 그릇을 만들고 원하는 색을 칠한 후 가마에 넣고 굽는다. 마을에는 큰 시장이 있어 자기 그릇이 팔린다."

《동방견문록》은 유럽에서 베스트셀러가 되었으니, 수많은 유럽인이 이 책을 통해 중국 자기에 대한 정보를 접했을 거야. 당시 유럽은 자기를 만들 수 없었기 때문에 서아시아를 통해 중국 자기를 조금씩 수입했는데, 수량이 적고 가격이 워낙 비싸서 극소수의 지배층이나 부유층만 가질 수 있었어. 자기 한 점을 사려면 노예 몇 명을 팔아야 한다는 말이 있었을 정도야.

그러니 유럽 상인들은 서아시아를 거치지 않고 직접 자기를 수입하고 싶어졌을 거야. 물론 직접 수입하고 싶은 것이 중국 자기만은 아니었어. 중국 비단도 있고, 인도 향신료도 있었지. 게다가 아시아에는 금은보화가 넘쳐난다는 소문이 파다했어. 수많은 모험가들이 인도와 중국으로 가는 항로를 개척하기 시작했어. 선두주자는 에스파냐와 포르투갈이야. 콜럼버스는 에스파냐 왕의 투자를 받아 서쪽으로 항해하다가 아메리카 대륙에 도착했고, 포르투갈의 바스쿠 다 가마는 아프리카를 시계 반대 방향으로 돌아 인도로 가는 항로를 열었지. 이후 약 백 년 동안은 두 나라가 유럽의 아시아 무역을 이끌게 돼. 특히 포르투갈이 중국과의 도자기 교역에서 가장 앞서 있었지. 그런데 얼마 뒤 새로운 경쟁자가 나타났어. 바로 네덜란드야.

1603년, 유럽 도자기 역사에서 오래 기억될 무척 중대한 사건이 일어났어. 포르투갈의 산타카타리나 호가 60톤에 이르는 도자기 약 10만 점을 싣고 항해를 했는데, 동남아시아의 말라카해협에서 잠시 정박하는 사이에 네덜란드 동인도회사의 상선이 나타나 이 배를 사로잡은 거야. 이 와중에 산타카타리나 호에 불이 나서 수많은 화물이 파손되었지만, 파손을 피한 것도 꽤 많았던 모양이야. 네덜란드 상선은 이 화물들을 싣고 암스테르담으로 돌아와 유럽 상인들을 모아 놓고 경매를 했어. 그렇게 해서 수많은 중국 도자기가 한꺼번에 유럽 전역으로 퍼져 나갔고, 선풍적인 인기를 끌게 되었지.

이후 유럽 여러 나라에서 자기 수요가 늘어났어. 매년 10만 점이 넘게 네덜란드로 들어왔고, 17세기 전반이 되면 무려 300만 점의 자기를 수입했다는 기록이 있을 정도로 그 양이 엄청났지. 이후 중국이 명나라와 청나라의 전쟁으로 혼란에 빠지자, 네덜란드는 그 사이에 자기 생산국이 된 일본으로부터 자기를 수입하기 시작했어. 이 이야기는 앞에서 한 그대로야.

네덜란드를 통해 유럽 여러 나라로 퍼진 중국 자기는, 물론 아무나 소유할 수 있는 물건은 아니었어. 당시 중국과 일본 자기는 값이 무척 비싸서 왕실이나 귀족, 일부 부유층만 가질 수 있었지.

스톡홀름 할빌 박물관의 '도자기의 방'

그들은 오랜 옛날부터 중국 자기를 원했어. 서아시아를 통해 가끔 몇 점씩 들어오는 것이 전부여서 늘 갈증이 컸을 거야. 그런데 네덜란드 상인을 통해 한꺼번에 엄청난 양의 중국 자기가 유럽으로 들어왔으니 얼마나 기뻤을까?

유럽의 왕이나 귀족들은 중국 자기를 사서 방을 꾸몄고, '도자기의 방'이라고 부르곤 했지. 특히 그들을 매혹한 건 푸른색 그림의 백색

자기, 바로 청화백자였어.

　네덜란드 상인이 중국 자기를 가져와 암스테르담에서 경매를 한다는 소식에 유럽인들은 다양한 반응을 보였어. 주로는 이 자기들을 좋은 값에 사서 왕실이나 귀족층에 비싸게 팔 궁리를 하는 상인들이 많았겠지만 그런 생각을 하는 사람만 있었던 것은 아니었어.

청화백자를 닮은 델프트 도기

　암스테르담에서 기차로 한 시간 반 정도 거리에 델프트라는 도시가 있어. 네덜란드 동인도회사의 아시아 무역에 참여한 여섯 개 도시 가운데 하나지. 그런데 이곳에서는 16세기 후반부터 이탈리아에서 이주한 도공들이 도기를 만들고 있었어. 그들도 네덜란드 상선이 가져온 청화백자를 당연히 접했겠지.

　청화백자를 접한 델프트 도공들은 청화백자를 모방하고 싶었을 거야. 하지만 완전히 똑같게 만드는 건 애초부터 불가능했지. 그들의 기술은 여전히 '도기' 단계에 머물러 있었으니까.

　그래도 델프트 도공들은 청화백자의 모양이나 새겨진 그림과 무늬를 최대한 모방해서 도기를 만들었어. 델프트 도기의 가격이 청화백

요하네스 페르메이르, 〈델프트 풍경〉

자의 십 분의 일이었다고 하는데, 그 정도면 중산층도 구입할 수 있었을 것 같아. 사람들은 이 도기를 '델프트 블루'라고 부르며 열광했어. 인구 2만 4,000명의 작은 도시 델프트에 도기 공장이 32개나 있었다고 하는구나. 언제부턴가 유럽에서는 흰색 바탕에 푸른색 그림을 그린 도기는 꼭 델프트에서 생산한 것이 아니더라도 '델프트 블루'라고 부르기 시작했지.

델프트 도기는 초기에는 중국적인 느낌이 무척 강했어. 모양도 그림도 중국인이 좋아하는 것이었지. 중국 청화백자를 그대로 모방했으니 그럴 수밖에. 하지만 기술과 경험이 쌓

델프트 도기 접시
© Wikimedia Commons

이면서 델프트 도공들은 새로운 생각을 하게 되었어.

델프트 도공들이 중국식 도자기에 자기 나라 사람들의 취향을 접목해 만든 것이 바로 앞에서 보여 준 화반이야. 그럼, 이 화반에는 어떤 꽃을 꽂았을까? 이 도자기를 만든 곳이 델프트이고, 델프트는 네덜란드의 도시라는 점을 떠올려 봐. '네덜란드' 하면 떠오르는 꽃은 튤립! 이 화반은 바로 튤립을 꽂는 용도로 만든 거야.

그런데 네덜란드의 튤립에는 지금으로서는 믿기지 않는 황당한 이야기가 있어. 튤립은 중앙아시아가 원산지라고 해. 오스만제국 때 서

아시아 사람들로부터 사랑을 받아 품종 개량이 이루어졌고, 상인들을 통해 유럽 각지로 퍼져 나갔어. 네덜란드에는 1593년 레이던 대학교의 식물학자에 의해 처음 소개되었다는구나. 이후 튤립은 사람들에게 보면서 즐기는 꽃으로 사랑받기 시작했어.

17세기 초부터 네덜란드는 아시아를 누비며 중국과 일본의 자기뿐 아니라 각종 상품을 유럽으로 가져와 엄청난 이윤을 남겼고, 암스테르담은 세계 금융의 중심지가 되었어. 당시 사람들은 부와 번영을 만끽하면서 튤립을 네덜란드의 부와 번영의 상징으로 내세웠어. 그러자 튤립이 인기를 모으기 시작했고 꽃값이 치솟았어. 심지어 사재기까지 유행했지. 가격이 어느 정도였냐면, 어떤 튤립은 그 알뿌리 값이 숙련 장인의 십 년 소득과 맞먹을 정도였다고 해! 자기 땅을 담보 삼아 튤립에 투자하는 사람들도 있었어.

하지만 어느 순간부터 가격이 떨어지기 시작했어. 갑자기 너도나도 튤립을 팔겠다고 했지. 집과 땅을 팔고 빚을 내서 튤립에 투자했던 사람들은 하루아침에 거지가 됐어.

튤립 화반에는 그런 네덜란드인의 역사가 담겨 있어. 튤립이 부와 번영의 상징으로 네덜란드에서 최고의 인기를 누렸을 때 많은 사람들이 이와 같은 튤립 화반을 원했고, 그 수요에 맞게 델프트 도공들이 생산했던 거야.

델프트 블루는 유럽인들의 청화백자에 대한 욕구를 대신 충족시켜 주면서 큰 인기를 끌었지만, 오래지 않아 어려움을 겪게 돼. 그건 유럽에서 뜨거운 음료가 유행한 것과 관계가 있어. 16세기에 들어온 중국의 차 문화가 18세기쯤 유럽에 정착하고, 17세기에는 커피와 초콜릿 음료가 전해졌는데, 이것은 도자기 산업에도 큰 영향을 미쳤어. 세 음료 모두 뜨겁게 해서 마셨는데, 도기는 뜨거운 음료를 오래 두기에 적합하지 않은 반면, 자기는 보온성과 내열성이 모두 좋아 뜨거운 음료를 담기에 알맞았던 거야.

차, 커피, 초콜릿은 상류층뿐 아니라 중산층 이하의 사람들에게도 널리 퍼졌고, 자기 수요도 확 늘어났어. 이러한 변화에 발맞춰 중국과 일본은 질이 떨어지는 대신 값이 싼 자기를 대량으로 생산해 유럽에 수출하기 시작했어. 저렴한 자기가 들어오니, 사람들의 생각이 달라질 수밖에. 델프트 도기는 경쟁이 안 되었을 거야.

게다가 더 결정적인 사건이 하나 있었어. 1709년 독일 마이센을 시작으로 유럽도 드디어 자기 자체 생산에 성공한 거야. 그러나 델프트 도기가 완전히 사라진 건 아니야. 실용성 면에서는 자기에 밀렸지만, 아름다움에 대한 평가는 사람마다 다를 수가 있지. 청화백자보다 수준이 떨어진다고 생각하는 사람이 있는 반면, 오히려 개성이 넘치고 색다른 아름다움을 드러낸다고 생각하는 사람도 있는 거니까. 반짝반짝 빛나는 자기를 좋아하는 사람도 있지만, 다소 투박해 보이는 도기에 더 정감을 느끼는 사람도 있을 수 있지.

오늘날은 자기가 주도하는 시대이지만, 델프트 도기는 장식용으로 지금까지도 많은 사랑을 받고 있어.

11
영국이 청 황제에게 보낸 선물
_재스퍼웨어

The Reception of the Diplomatique & his Suite, at the Court of Pekin.

방 안에 사람들이 꽉 들어 차 있어. 두 그룹으로 나뉘어 무언가 이야기를 나누고 있지. 왼쪽은 동양인, 오른쪽은 서양인 같은데, 눈에 띄는 두 사람이 그림의 주인공이라는 걸 알 수 있어. 오른쪽의 서양인은 왼쪽 무릎을 꿇고 무언가를 열심히 설명하고 있고, 왼쪽의 동양인은 등을 반쯤 돌리고 담배 연기를 뿜으며 거드름을 부리고 있구나.

서양인은 영국 사신 '조지 매카트니'이고, 동양인은 청나라 황제 '건륭제'야. 1793년 조지 매카트니가 청나라의 여름 궁전 '열하'에 사신으로 왔을 때 두 사람이 만난 장면이야. 매카트니가 저 멀리 영국에서 청나라까지 찾아온 이유가 무얼까?

콜럼버스와 바스쿠 다 가마가 새로운 항로를 개척한 뒤, 포르투갈, 에스파냐에 이어 네덜란드와 영국도 차례로 아시아 시장에 진출했어. 그런데 교역 절차가 복잡하고 까다로워서 청나라와는 원하는 만큼 마음껏 무역을 할 수가 없었지. 그래서 영국 정부는 매카트니를 청나라에 파견해서 교역량도 늘리고 교역의 자유도 넓히려 한 거야.

매카트니 사절단은 청나라에 갈 때 많은 선물을 가져갔어. 귀한 선물을 수레 40대 분량이나 가져갔다고 해. 그림에 보면 영국 국왕의 마차 미니어처, 군함, 열기구의 모형도 보이고, 배드민턴 라켓이나 희귀 동물도 보여. 영국도 중국 못지않게 발전한 나라라는 메시지를 전하고 싶었겠지. 그러나 그림에 보이는 표정으로도 짐작하겠지만, 건륭제의 태도는 단호했어.

"지대물박地大物博! 중국은 땅이 넓고 생산되지 않는 물자가 없는 나라다!"

결국 매카트니는 임무 달성에 실패하고 영국으로 돌아와야 했지. 그런데 매카트니가 귀국해서 쓴 보고서를 보면, 사절단이 건륭제에게 줄 선물로 가져간 물건 중에 도자기도 일곱 점이 포함되어 있었어. 다시 그림을 보면, 매카트니가 앞에 늘어놓은 선물들 중에, 망처럼 보이는 것 바로 왼쪽에 있는 것이 자기가 아닐까 싶어. 확실하진 않지만 말이야.

오랫동안 중국 도자기를 흠모했고 늘 수입해서 사용해 왔던 영국이 도자기의 종주국 황제에게 도자기를 선물했다니 놀랍지 않아? 자국이 생산한 도자기에 대해 자신 있다는 의미였을 것 같아. 그럼, 당시 영국의 도자기 산업이 얼마나 발전했는지 살펴보자.

귀족 마케팅으로 성공한 웨지우드 도자기

1709년, 독일의 마이센에서 유럽 최초로 자기 생산에 성공했어. 그 비법이 금세 유럽 각지로 퍼져 나갔지. 이제 유럽의 도공들은 '델프트 도기'보다는 자기 생산에 집중하기 시작했어. 영국에서는 스태퍼드셔주가 자기 생산의 중심지가 되었어. 자기 생산에 좋은 점토와 연료로 쓰는 석탄이 풍부했기 때문이야.

이곳에는 가문 대대로 도공이었던 웨지우드 가문이 살고 있었어. 1730년 조지아라는 아이가 태어났는데, 아홉 살 때부터 이미 훌륭한 도공이 될 자질을 보이기 시작했다는구나. 하지만 천연두를 앓은 뒤 무릎이 약해져 페달을 밟을 수 없게 되었고, 그때부터 도자기 제작 대신 디자인 연구에 몰두했지. 1759년 도자기 공장을 설립한 뒤 큰돈을 벌었고 사회적으로도 훌륭한 명성을 쌓았어.

조지아 웨지우드가 가장 중요하게 여긴 건 바로 '혁신, 또 혁신!'이었어. 좋은 흙을 찾고, 유약을 개발하는 등 도자기 제조 기술을 끊임 없이 업그레이드시켰어. 그뿐 아니라 생산, 유통, 마케팅 등 경영 기법도 언제나 새로운 것을 추구했지.

우선 생산 분야부터 살펴보자. 예전에는 도자기를 하나 만들 때, 그 과정 전체를 한 사람의 장인이 도맡았어. 그러나 웨지우드는 한 사람이 하는 일을 장소를 기준으로 몇 단계로 나누었어. 도자기를 빚는 방, 칠을 하는 방, 가마가 있는 방, 구워진 도자기가 잘 구워졌는지 점검하는 곳, 생산물 목록을 작성하는 곳, 보관 창고…… 이런 식으로 말이야. 각 장소에 배치된 일꾼들은 각자 맡은 일만 하면 되는 거야.

한 기록에 따르면 웨지우드의 공장에서 278명이 일했는데, 6명을 제외하고는 모두 한 분야의 일만 했다고 해. 게다가 당시는 산업혁명의 시대야. 도자기 공장에 증기기관이 도입되면서 작업 속도가 더 빨라졌지. 이렇게 모든 과정을 분업으로 함으로써, 도자기의 생산량을 획기적으로 늘릴 수 있었어.

웨지우드는 마케팅에서도 탁월한 능력을 발휘했어. 현재 우리가 흔히 접하는 상품 안내서나 무료 배송, 환불 보증, 셀프 서비스 등등은 250년 전 웨지우드가 처음 시작한 거야.

웨지우드 회사 내에는 직영 매장이 설치되어 있었어. 고객들이 직접 찾아와 도자기를 둘러보기도 하고 비교적 싼 값에 구매할 수 있었

웨지우드 직영 매장

지. 새로운 제품이 출시되면 줄을 서야 할 정도로 손님이 몰렸다는구나. 새로 출시된 아이폰을 사려고 매장을 빙 둘러 줄 서는 모습을 상상하면 될 것 같아.

무엇보다 눈에 띄는 건 '귀족 마케팅'이야. 웨지우드가 도자기 공장을 설립하고 가장 먼저 집중한 분야는 '크림웨어'라는 크림색 도기였어. 하루는 영국 국왕 조지 3세의 왕비 '샬롯'이 웨지우드에게 크림웨어로 만든 식기 세트를 주문했어. 웨지우드는 약속한 날짜에 맞추어 샬롯에게 식기 세트를 보냈지. 그런데 웨지우드는 이 과정에서 왕비에게 한 가지 요청을 했어.

"이 식기 세트에 '퀸즈웨어(왕비의 도자기)'라는 이름을 쓸 수 있게 해
주십시오."

샬롯의 승인을 얻는 데 성공! 웨지우드가 이 식기 세트의 이름을
'퀸즈웨어'로 홍보하자, 귀족이나 부유층의 부인들 사이에서 불티나
게 팔려 나갔어. 이 그릇을 쓰는 동안은 왕후가 된 느낌이었을 것 같
아. 그러니 너도나도 이 식기 세트를 사지 않았을까?

웨지우드는 러시아의 여황제 예카테리나 2세로부터도 식기 세트
주문을 받은 적이 있어. 그런데 이번에는 디너 세트가 모두 50개이고,
낱개로 하면 거의 1천 점에 이르는 엄청난 양이었지. 당시 유럽인들
은 영국식 정원을 좋아했다고 해. 그래서 예카테리나 2세는 도자기에
영국의 정원이나 건축물을 그려 달라고 요구했어. 그것도 모두 다른
그림으로 말이야. 하지만 웨지우드는 여황제의 주문대로 수량과 그
림, 날짜까지 정확히 지켜서 납품을 했다고 해.

예카테리나 2세가 주문한 크림웨어는 도기였고, 그림을 그리는 데
너무 많은 시간과 노동력이 들었기 때문에 이윤을 별로 남기지 못했
어. 하지만 이번에도 '퀸즈웨어'의 사례처럼 웨지우드의 브랜드 가치
를 높이는 데 크게 기여했지.

웨지우드는 귀족 마케팅으로 쌓은 브랜드 이미지로 해외 시장도 공

격했어. 이때도 새로운 마케팅
을 시도했는데, 해외의 왕실이
나 귀족들에 도자기 상품을 일
단 무작정 보내는 거야. 이런
편지와 함께 말이지.

예카테리나 2세　© Wikimedia Commons

"살펴보시고 결정해 주십시
　오. 사실 거면 돈을 보내 주
　시고, 사지 않으실 거면 도자
　기를 돌려보내 주십시오."

이렇게 하면 왕실이나 귀족들은 설령 마음에 안 들어도 돌려주면
체면을 구기게 될까 봐 구입하는 경우가 많았다는 거야. 이런 걸 '자
존심 마케팅'이라고 해야 할까?

고대 그리스 로마의 양식을 접목하다

　1770년대에는 '재스퍼웨어'라는 새로운 도기를 만들었어. 표면에
넣는 무늬가 그리스 도기처럼 그리스 로마 신화의 내용을 담은 것이
많았지. 앞에서 봤던 암포라처럼 말이야.

'재스퍼웨어'가 유행하게 된 이유가 따로 있어. 서기 79년 베수비오 화산이 폭발하면서 이탈리아의 폼페이가 흙과 돌에 파묻힌 적이 있었어. 이 유적이 1592년에 처음 발견되고, 150년 뒤인 1748년 대대적인 발굴 조사가 이루어졌는데, 이때 고대 그리스 로마의 유물이 엄청나게 많이 발견되었어. 이때의 발굴로 유럽에서는 '신고전주의' 양식이 등장했지. 신고전주의란 쉽게 말하면 고대 그리스 로마의 예술 양식을 따르자는 거야. 그런 움직임을 도자기 생산에 접목하려고 시도한 사람이 바로 웨지우드였지.

웨지우드가 한번은 리버풀에 볼일을 보러 간 적이 있는데, 이때 무리를 했는지 어렸을 때 천연두로 약해진 다리의 상태가 더 나빠졌어. 어쩔 수 없이 다리가 나을 때까지 쉬어야 했는데, 그 시간이 전화위복이 되었어. 이때 토머스 벤틀리라는 사업가와 만났는데, 그는 이탈리아 고대 유적 투어를 다녔고 고대 그리스 로마 문명에 대해서도 해박한 사람이었어. 웨지우드는 그를 통해 신고전주의를 받아들였고, 그와 함께 새로운 도자기 개발을 시도했지.

웨지우드는 이탈리아의 나폴리에 영국 대사로 가 있는 해밀턴 경의 도움도 받았어. 그는 고대 그리스 로마 유물 수집가로 영국인들 사이에 유명한 사람이었지. 웨지우드는 해밀턴 경의 집에 가서 고대 유물들을 보면서 새로운 아이디어를 구상하곤 했어.

재스퍼웨어　　© Wikimedia Commons

　그런 과정을 거쳐 탄생시킨 것이 재스퍼웨어야. '재스퍼'란? 푸른 도기의 바탕 위에 하얀 돌로 무늬를 수놓아 돋을새김 같은 효과를 내는 거야. 무척 세련되고 우아하지.

　재스퍼웨어 중에서 특히 유명한 것이 포틀랜드 꽃병이야. 여기에는 이런 이야기가 있어. 해밀턴 경은 유리로 만든 꽃병을 하나 구입했어. 서기 1세기경에 만들어진 거야. 이탈리아 교황 가문에서 150년 동안 소장하고 있던 아주 고귀한 유물이었지. 해밀턴 경은 이 꽃병을 영국 포틀랜드 공작 부인에게 팔았어. 그래서 '포틀랜드 꽃병'이라는 이름을 갖게 되었지.

웨지우드는 포틀랜드 공작
부인에게 이 꽃병을 빌렸어.
이걸 그대로 재현하기 위해
무려 4년을 매달렸고 1790년
재현에 성공했지. 그렇게 해서
탄생한 '재스퍼 포틀랜드 꽃
병'은 엄청난 인기를 끌었고,
웨지우드는 더욱 큰 명성을
쌓았어.

앞서 이야기했던, 매카트니

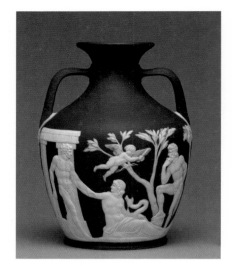

재스퍼 포틀랜드 꽃병
© Wikimedia Commons

가 건륭제에게 선물로 가져간 도자기 일곱 점이 바로 웨지우드의 재
스퍼웨어였고, 그중에는 '재스퍼 포틀랜드 꽃병'도 포함되어 있었다
고 해. 유럽 최고의 전통문화와 선진 기술을 결합해 새롭게 탄생시킨
도자기였으니, 청나라 황제에게 당당하게 자랑하고 싶지 않았을까?

세상을 바꾼 도자기 목걸이 메달

웨지우드가 새로운 도자기를 끊임없이 창조해 내고, 경영과 마케팅을 혁신할 수 있었던 건 언제나 새로운 자극을 받을 수 있었기 때문이야. 그 대표적인 것이 '만월회Lunar Society'야. 늦은 밤에도 다닐 수 있는 보름달 뜨는 저녁에 하는 모임이라는 뜻인데, 여기에서 당대 최고의 과학자들과 교류할 수 있었어. 증기기관을 산업에 이용할 수 있도록 개량한 제임스 와트(1736~1819), 천왕성을 발견한 윌리엄 허셜(1738~1822), 의사이자 철학자인 이래즈머스 다윈(1731~1802) 등이 웨지우드가 함께 교류한 회원들이야.

웨지우드는 자신의 딸을 이래즈머스 다윈의 아들과 결혼시켜 사돈지간이 되었어. 두 자녀가 낳은 아들이 바로 찰스 다윈이지. 찰스 다윈은 세계 일주를 하고 《종의 기원》을 출판하고 진화론을 세우는 과정에서 외할아버지가 물려주신 유산의 도움을 받았다는구나.

웨지우드는 노예해방을 주장한 사업가이기도 했어. 1787년 자신의 주장을 담은 목걸이 메달을 도자기로 만들어 널리 배포하기도 했지. 이 사진을 봐. 흑인 노예가 무릎을 꿇고 두 손을 모아 하늘을 보며 절규하고 있어. 그런데 손과 발이 모두 쇠사슬로 묶여 있구나. 웨지우드는 노예의 모습을 새기고, 이 노예가 하늘을 쳐다보며 하고 있을 것

도자기 목걸이 메달 © Wikimedia Commons

같은 말을 다음과 같이 새겨 넣었어.

"나는 사람도 형제도 아닙니까?"

웨지우드는 이 목걸이 메달을 영국의 사회 지도층에게 무료로 제공했을 뿐 아니라 벤저민 프랭클린에게도 보내서 미국의 노예제 폐지에 커다란 자극제 역할을 했어.

영국 도자기 사업가였던 웨지우드. 그가 만든 도자기에는 대항해시대 유럽과 아시아의 교역, 산업혁명과 기술혁신, 노예제 폐지 등 세계사를 바꾼 굵직굵직한 사건들이 이렇게나 많이 담겨 있구나.

12
지구와 우주를 연결하다
-우주왕복선의 자기 타일

검은색 바탕에 직선들이 그어져 있어. 자세히 보면 정사각형이 교차되어 있는 모습이야. 그런데 가운데의 깨진 부분을 보니, 아! 이건 선을 그은 것이 아니구나. 두께감이 있는 걸 보니, 직육면체야. 검은색 타일들을 이어 붙여 놓았다는 걸 알 수 있어. 이건 무엇에 쓰는 물건일까?

그런데 조각마다 넘버링이 되어 있어. 가장 크게 깨진 타일을 보니 'V070-191010-153 ET 4900'이라고 적혀 있구나. 사진이 잘려서 안 보이는 부분은 다른 타일들의 넘버를 보고 짐작할 수 있지. 하지만 용도는 여전히 모르겠어.

이번에는 좀 더 멀리서 찍은 사진을 보자. 176쪽을 봐. 이건 뭐처럼 생겼어? 비행체의 한쪽 날개 같지 않아? 이건 우주왕복선 엔데버 호

엔데버 호의 날개

Space Shuttle Endeavour야. 1992년 첫 임무를 수행했고, 2011년 25번째 임무를 끝으로 캘리포니아 사이언스 센터로 옮겨졌지.

엔데버 호의 날개를 보면, 정사각형 타일들이 날개 전체를 가득 덮고 있어. 그런데 이 타일들은 아무렇게나 마구 붙이면 안 돼. 반드시 제 위치에 놓아야 하지. 타일 표면의 숫자는 그걸 위해 새긴 고유 번호인 거야.

타일들을 우주왕복선에 붙여 놓은 이유가 무엇일까? 여기에서는 무엇으로 만든 건지가 중요해. 짐작했겠지만 자기로 만든 거야.

앞에서 우리는 먼 옛날부터 지금까지 도자기가 발전해 온 과정을 살펴보았고, 그 와중에 자기 기술이 인류의 삶을 어떻게 바꾸었는지도 느낄 수 있었어. 자기가 얼마나 대단한 존재인지 충분히 확인했어. 밥 먹을 때 쓰고, 집 안팎을 아름답게 꾸밀 때도 쓰지. 그런데 그 정도가 다가 아니야. 우주왕복선 같은 최첨단 물체를 제작하는 데도 자기를 사용하다니!

우주왕복선 무사 귀환의 임무를 맡다

미국 항공우주국 나사(NASA)는 우주왕복선을 맨 처음 만들 때 고민이 많았을 거야. 가장 큰 문제는 우주에 갔다가 어떻게 무사히 돌아올 수 있느냐 하는 것이었지. 우주왕복선이 귀환하려면 지구의 대기권을 통과해야 하는데, 이때 공기 중의 분자와 부딪쳐 1500도 이상의 고열이 발생하게 돼. 우주왕복선을 이 정도 온도로부터 보호하려면 단열성이 강한 재료가 필요했지. 이 문제를 해결하기 위해 나사가 떠올린 것이 바로 자기야.

자기는 중국, 우리나라, 일본을 거쳐 18세기에는 유럽에서도 자체 생산이 가능해졌어. 산업혁명과 맞물리면서 생산 기술이 혁신되었지. 산업혁명에는 다량의 철이 필수적이었는데, 철 생산에 필요한 높은 온도를 견딜 수 있는 용광로를 개발하는 과정에서 자기 생산 수준도 한층 끌어올릴 수 있었어.

20세기에 들어와서도 자기의 혁신은 멈추지 않았어. 원료를 정제해서 더 작은 입자로 이루어진 자기를 만들었지. 자기는 입자가 작아질수록 강도가 더욱 강해지는 특성이 있거든. 최근에는 입자의 크기가 나노미터 단위까지 줄어들었다고 해. 이렇게 해서 전통적인 자기로부터 몇 단계 업그레이드된 첨단 자기를 생산할 수 있었던 거야.

이러한 자기 생산 기술의 발전이 우주왕복선의 제작과 연결되었어. 나사는 우주 항공 기업과 협력해서 내열 타일을 개발했는데, 그것이 바로 자기 타일이야.

나사는 우주왕복선의 외부 표면을 자기 타일로 덮었는데, 그 수가 무려 3만 개 정도나 돼. 경우에 따라 다르지만, 가로와 세로는 약 15센티미터씩, 두께는 2.5~12센티미터로 다양하다고 해.

우주왕복선은 대기권에 진입할 때 약 1500도의 고열에 휩싸이게 되는데, 이 정도 온도를 버텨 낼 수 있는 금속은 없어. 하지만 자기 타일로 몸체를 감싸면 대기권을 통과해서 지구로 무사히 돌아올 수 있는 거지.

우리나라 최초의 우주인 이소연 씨에 대해 들어본 적 있어? 2008년 소유스 TMA-12호를 타고 지구 대기권 밖으로 날아가 국제우주정거장(ISS)에 도착했고, 9박 10일을 머물면서 여러 가지 우주 실험을 한 뒤 지구로 돌아왔어. 그런데 지구에 도착한 소유스 TMA-12호의 모습은 새까맣게 타 있었어. 왜 그렇게 됐는지는 이소연 씨의 인터뷰를 통해 알 수 있었지.

"대기권에 진입할 때 불덩이가 돼서 들어오잖아요. 그 화염이 창밖으로 보이더라고요. 진짜 쇳덩이도 태울 것 같은, 가운데가 하얀, 정말 뜨거울 것 같은 불, 그게 바로 30센티미터 앞에 보였어요. 유리창이 바로 제 옆에 있었으니까……"

정말 무섭고 아찔했겠지만, 어쨌든 무사 귀환할 수 있었던 건 자기 타일이 우주선을 감싸 보호해 주었기 때문이야.

지구와 우주를 연결하다

자기 타일이 언제나 그 문제를 완벽하게 해결해 준 건 아니야. 변수가 발생하기도 했지.

우주왕복선 컬럼비아 호

　미국 우주왕복선 컬럼비아 호는 1981년부터 모두 28번이나 우주여행을 했는데, 2003년을 끝으로 임무를 중단해야 했어. 2003년 2월, 28번째 임무를 수행하고 귀환하던 중에 대기권을 통과하다가 폭발해서

승무원 일곱 명이 모두 숨지는 참사가 발생했기 때문이지.

참사 원인에 대해 여러 가지 분석이 이루어졌는데, 자기 타일 때문이었다고 주장하는 사람들이 많았어. 컬럼비아 호가 이륙해서 대기권을 벗어날 때 연료 탱크에서 떨어져 나온 것으로 보이는 파편에 왼쪽 날개가 맞아 자기 타일 몇 개가 떨어져 나갔어. 임무를 마치고 지구로 돌아가기 위해 대기권으로 진입하던 도중, 자기 타일이 떨어져 나간 부분으로 엄청난 고열이 파고들어 우주선 내부를 녹이는 바람에 폭발했다는 거야.

앞에서 본 엔데버 호를 다시 살펴보자. 자기 타일에 약간 손상이 있는 흔적이 보이지. 이 정도의 손상이었다면 어떻게든 대기권의 고열을 견디고 귀환할 수 있고, 자기 타일만 바꾸어 붙이면 우주선을 다시 사용할 수 있는데, 컬럼비아 호는 타일이 아예 떨어져 나가면서 큰 참사를 겪은 거지. 그러니까 좀 더 안전하게 우주왕복선을 귀환시키려면 자기 타일 제작 기술을 더욱 혁신해야 하는 거야. 실제로 러시아의 한 대학 연구팀은 최대 3000도가 넘는 고온도 견딜 수 있는 자기 타일을 개발했다고 해.

이러한 연구는 우주 산업에서 무척 중요해. 특히 비용 측면에서 그래. 우주왕복선은 제작비뿐 아니라 수리와 유지에도 돈이 많이 들어. 비용을 줄이지 못하면, 예산 부족으로 우주 산업을 마음껏 할 수 없잖아? 더 강력한 자기 타일을 개발한다면 여러 차례 반복 사용이 가능해져 우주 산업 전체에도 큰 도움이 될 거야.

'우주 엘리베이터'에 대해 들어본 적 있어? 3만 6000킬로미터 높이의 정지 궤도에 우주정거장을 건설하고, 지구의 승강장과 케이블로 연결하는 거야. 고층빌딩을 오르듯 엘리베이터를 타고 우주정거장까지 가 보자는 거지. 그런데 우주 엘리베이터 케이블을 만드는 데도 자기가 활용될 수 있다고 해.

도자기는 지구상의 인류 문명 발전에 빼놓을 수 없는 존재였는데, 이제는 지구와 우주를 연결하는 다리 역할까지 하고 있으니, 정말 대단하지?

우리가 밥을 먹을 때 쓰는 그릇이나 장식장 위에 올려놓은 자기가 도자기의 전부는 아니야. 도자기는 우리가 살아가는 세계의 도처에 있어.

아침에 일어나자마자 가는 곳, 화장실. 한눈에 봐도 도자기로 만든 것이 있지. 세면대와 좌변기야. 도자기는 단단하기 때문에 인체의 하중을 잘 견딜 수 있어. 물과도 친해서 때가 묻어도 잘 씻기지.

의료용으로도 많이 사용되고 있어. 충치가 생기거나 이가 깨지면 치과에 가는데, 다친 치아를 씌울 때 도자기를 주로 사용해. 금속을

씌우는 것보다 부작용이 적고, 상처를 감쪽같이 감춰 주어서 옆에 있는 정상 치아와도 별 차이가 느껴지지 않게 할 수 있으니까.

도자기는 전자 제품에도 많이 사용해. 컴퓨터 안에서 집적 회로를 받쳐 주는 기판도 성분이 도자기야. 텔레비전이나 스마트폰에도 부품으로 많이 들어가지. 도자기는 우주왕복선을 통해서도 확인한 것처럼 고열에 강한데다가 마찰과 충격도 잘 견뎌. 병사들이 착용하는 방탄 플레이트도 도자기가 주재료여서 총탄을 막아 주는 역할을 해. 그래서 탱크나 전투기의 표면을 코팅할 때도 사용하지.

이렇게 도자기는 우리가 살아가는 세상 곳곳에서 자신의 역할을 묵묵히 해 나가고 있어.

세계사는 내내, 도자기의 시대였다

인류의 문명사는 크게 세 개의 시대로 나눌 수 있어. 구석기와 신석기를 합친 석기시대, 청동기시대, 그리고 철기시대. 이건 인간이 사용한 도구를 기준으로 나눈 거야. '기'는 한자로 '그릇 기器'인데, '그릇'에서 '도구'로 의미가 확장되어 이렇게 쓰이고 있지.

그럼, 현재는 무슨 시대일까? 철기시대 이후 우리는 새로운 시대에 살고 있는 걸까? 그렇지 않아. 우리는 여전히 철기시대에 살고 있어. 지금도 인류가 사용하는 금속 중에서 철이 차지하는 비중이 90퍼센트나 되거든. 그럼, 철기시대는 앞으로 영원히 지속될까?

철 역시 유한한 광물이야. 현재 지각에 매장된 철광석의 양은 모두 1500억 톤 정도인데, 모두 채굴하는 데 150년 정도 걸릴 거라고 해. 그렇다면 150년 뒤에는 철기시대가 끝날까? 그렇진 않을 거야. 철은 재활용이 가능한 금속이라 철기시대는 그 이상 지속될 거야.

그런데 석기시대, 청동기시대, 철기시대를 거쳐 오늘에 이르기까지 인류와 늘 함께해 온 도구가 있어. 바로 도자'기'야. 어쩌면 인류는 구석기시대부터 지금까지 내내 도자기시대였을지도 몰라. 구석기시대에 탄생한 인류 최초의 도자기 돌니 베스토니체 여인상부터 우리를 우주로 안내해 준 자기 타일까지, 인류의 도자기 제작 기술은 엄청난 발전을 이룩했지만, 둘 다 같은 도자기라는 사실은 달라지지 않아.

인류의 역사는 곧 도자기의 역사였어. 그걸 확인할 방법이 하나 있어. 박물관에 가 보는 거야. 국립중앙박물관에 가면 구석기시대부터 현대까지 수많은 유물을 만나 볼 수 있어. 유물을 분류하는 방법은 여러 가지가 있어. 유물이 나온 곳이 한국인가, 다른 나라인가? 한국의 어느 시대 유물인가? 과거에 어떤 용도로 사용했나? 의식주와 교통? 직업? 종교나 오락?

또 하나의 분류법은 유물의 재료를 기준으로 나누는 거야. 돌, 나무, 뼈, 흙, 금속, 유리, 종이 등. 그럼, 국립중앙박물관에 소장된 유물 중에서 어떤 재료로 만든 것이 가장 많을까? 모두 13만 5000점 정도가 소장되어 있는데, 이 중에서 약 70퍼센트는 흙으로 만든 거야. 그럼, 왜 흙으로 만든 것이 가장 많을까?

옛날 사람들이 사용한 물건이 지금까지 남아서 유물이 되려면 두 가지 조건이 필요해. 옛날 사람들이 많이 만들었거나, 내구성이 좋아

오래 버텨서 지금까지 남아 있거나. 돌로 만든 건 석기시대 이후에는 상대적으로 많지 않았고, 금속으로 만든 건 귀해서 만든 양이 적어. 나무, 뼈, 유리, 종이 등이 재료인 건 내구성이 좋지 않아 장시간 제 모습을 유지하는 것이 어렵지. 이런 점을 고려하면, 흙으로 만든 것이 가장 많이 남아 있을 수밖에 없어. 그렇기 때문에 박물관에 가면 가장 많이 볼 수 있는 것이 도자기지.

그런데 도자기는 박물관에만 있는 건 아니야. 현재도 우리 일상 곳곳에서, 각종 산업 현장에서 두루 사용되고 있지. 미래에도 인류는 도자기를 이용해서 새로운 것을 만들어 낼 거야. 수백 년 뒤에 철기시대가 끝나더라도 도자기시대는 지속될 거야. 철은 유한하지만, 흙은 무한하니까 말이야. 우리가 인류의 지나온 역사를 살펴볼 때도, 미래에 어떤 세상이 펼쳐질지 예측할 때도, 도자기에 주목해야 하는 이유는 바로 여기에 있어.

도자기는 인류의 과거와 현재 그리고 미래까지 모두 담고 있다!

참고 문헌

J. M. 애도배시오 외, 김승욱 역,《누가 베이컨을 식탁으로 가져왔을까》, 알마, 2010.

KBS 스페셜 6부작 〈도자기〉, 2004.

고려대 중국학연구소,《중국 지리의 즐거움》, 차이나하우스, 2012.

국립문화재연구소 미술공예실 편,《우리나라 전통 무늬2-도자기》, 눌와, 2008.

김범수, 〈동아시아 문화와 문물〉,《아시아문화》33, 아시아문화커뮤니티, 2017.

김유정, 〈17세기 일본 도자의 등장과 무역시장 변동의 동학〉, 서울대학교 대학원 석사학
위논문, 2017.

김유진, 〈중국 도자기를 통해 보는 동서 교류사〉, 이화여자대학교 대학원 석사학위논문,
2014.

김재규,《유혹하는 유럽 도자기》, 한길아트, 2000.

노성두,《그리스 미술 이야기》, 살림출판사, 2004.

니시자와 타츠오 외, 박시현 외 역,《재미있는 흙 이야기》, CIR(씨아이알), 2009.

닐 맥그리거, 김희주 역,《독일사 산책》, 옥당, 2016.

다니엘 로드, 이부연 외 공역,《도예가를 위한 점토와 유약》, 한양대학교출판부, 2014.

데이비드 몽고메리, 이수영 역,《흙-문명이 앗아간 지구의 살갗》, 삼천리, 2010.

도재기,《국보, 역사로 읽고 보다》, 이야기가있는집, 2016.

로버트 어윈, 황의갑 역,《이슬람 미술》, 2005.

로베르 플라실리에르, 심현정 역,《고대 그리스의 일상생활-페리클레스 시대》, 우물이
　　있는 집, 2004.

루카 모자티 외, 조인자 역,《그리스, 신을 만들다》, 예경, 2004.

리처드 러글리,《잃어버린 문명-석기시대의 비밀》, 마루, 2000.

마가렛 메들리,《중국도자사》, 열화당, 1986.

마르코 폴로, 김호동 역,《마르코 폴로의 동방견문록》, 사계절, 2000.

모리 다쓰야,《신안선에서 발견된 중국 도자기의 조성 연구》, 국립중앙박물관, 2016.

모리스 로사비, 강창훈 역,《쿠빌라이 칸, 그의 삶과 시대》, 천지인, 2008.

미스기 다카토시, 김인규 역,《동서도자교류사- 마이센으로 가는 길》, 눌와, 2001.

미야자키 마사카츠 편, 오근영 역,《하룻밤에 읽는 물건사》, 중앙M&B, 2003.

방병선,《중국도자사 연구》, 경인문화사, 2013.

방병선 · 국사편찬위원회 편,《한반도의 흙, 도자기로 태어나다》, 국사편찬위원회, 2010.

배경진,〈18세기 유럽의 물질문화와 중국풍 도자기〉, 연세대학교 대학원 석사학위논문,
　　2008.

베아트리스 호헤네거, 조미라 · 김라현 역,《차의 세계사-동양으로부터의 선물》, 열린세
　　상, 2012.

새무얼 스마일즈,《새무얼 스마일즈의 자조론》, 21세기북스, 2021.

서동인 · 김병근,《신안 보물선의 마지막 대항해- 바다를 누빈 중세 최고의 상인들》, 주
　　류성, 2014.

설혜심,《소비의 역사》, 휴머니스트, 2017.

성기인,《고대 과학과 예술의 절정 중국 도자기》, 한울, 2013.

성현, 김남이 역,《용재총화》, 휴머니스트, 2015.

송응성, 임동석 역,《천공개물》, 동서문화동판, 2015.

시오노 나나미, 이경덕 역,《그리스인 이야기》 1, 살림, 2017.

신동원 편,《우리 과학의 수수께끼》, 한겨레출판, 2006.

신상목,《학교에서 가르쳐주지 않는 일본사》, 뿌리와이파리, 2017.

앙드레 보나르, 김희균 역,《그리스인 이야기》1, 책과함께, 2011.

앨리스 로버트, 진주현 역,《인류의 위대한 여행》, 책과함께, 2011.

양자오, 류방승 역,《종의 기원을 읽다》, 유유, 2013.

양정무,《난생 처음 한번 공부하는 미술이야기》2, 사회평론, 2016.

에노모토 와타루, 이지현 역,〈송일·원일 간 해상항로와 고려 도서지역〉,《해양문화재》
　9, 국립해양문화재연구소, 2016.

에릭 샬린, 서종기 역,《광물, 역사를 바꾸다》, 예경, 2013.

에이드리언 포티, 허보윤 역,《욕망의 사물, 디자인의 사회사》, 일빛, 2004.

연호탁,《중앙아시아 인문학 기행》, 글항아리, 2016.

오쓰카 노부카즈, 송태욱 역,《호모 이그니스, 불을 찾아서》, 사계절출판사, 2012.

오윤희,〈도자기 감상 학습을 위한 박물관·미술관 활용 방안〉, 경인교육대학교 교육전
　문대학원 석사학위논문, 2018.

웨난, 허유영 역,《진시황제의 무덤》, 크림슨, 2008.

유스프 까르다위, 최영길 역,《이슬람의 허용과 금기》, 세창미디어, 2011.

유홍준·윤용이,《알기 쉬운 한국 도자사》, 학고재, 2001.

윤용이,《우리 옛 도자기의 아름다움》, 돌베개, 2007.

이강한,《고려의 자기, 원제국과 만나다》, 한국학중앙연구원, 2016.

이미숙,《400년 전의 도자기 전쟁-임진왜란과 조선사기장》, 명경사, 2013.

이성원,〈혹서의 여름, 장안에서〉,《아시아문화》33, 아시아문화커뮤니티, 2017.

이시다 미키노스케, 이동철 외 역,《장안의 봄》, 이산, 2004.

이언 크로프턴·제러미 블랙, 이정민 역,《빅뱅에서 인류의 미래까지 빅 히스토리》, 생
　각정거장, 2017.

이은상,《정화의 보물선》, 한국학술정보, 2014.

이종민,《고려시대의 도자 문화》, 국립중앙박물관, 2015.

이즈쓰 도시히코, 조영렬 역,《이슬람 문화- 그 밑바탕을 이루는 것》, 에이케이커뮤니케
　이션즈, 2018.

이훈, 〈도편추방의 도입과 발전〉, 부산대학교 교육대학원 석사학위논문, 1999.

이희관, 〈고려 예종과 북송 휘종-12세기 초기의 고려청자와 여요 및 북송관요〉, 《해양 문화재》 8, 국립해양문화재연구소, 2015.

이희관, 《황제와 도자-송대 관요 연구》, 경인문화사, 2016.

장 카스타레드, 이소영 역, 《사치와 문명》, 뜨인돌출판사, 2011.

장점민, 김영수 역, 《제국의 빛과 그늘》, 역사의아침, 2012.

재레드 다이아몬드, 김진준 역, 《총 균 쇠》, 문학사상사, 2013.

전완경, 《이슬람 예술》, 살림, 2010.

정동주, 《조선 막사발과 이도다완》, 한길아트, 2012.

조너선 클레멘츠, 허강 역, 《해적왕 정성공-중국의 아들, 대만의 아버지》, 삼우반, 2008.

조용준, 《유럽 도자기 여행: 서유럽 편》, 도도, 2016.

조은령·조은정, 《혼자 읽는 세계 미술사》, 다산초당, 2015.

조인형, 〈아테네에 있어서의 도편추방제도의 목적과 변질에 관한 연구〉, 《강원사학》 7, 강원대학교사학회, 1991.

주경철, 《문명과 바다》, 산처럼, 2009.

지바현역사교육자협의회 세계사부 편, 김은주 역, 《물건의 세계사》, 가람기획, 2002.

최승아, 《페르시아·이란의 역사》, 살림, 2018.

최영준, 〈도자기를 완성하는 과학〉, 《과학동아》 379, 동아사이언스, 2017.

타밈 안사리, 류한원 역, 《이슬람의 눈으로 본 세계사》, 뿌리와이파리, 2011.

티모시 브룩, 조영헌 역, 《하버드 중국사 원·명》, 너머북스, 2014.

팡리리, 구선심 역, 《도자기》, 대가, 2008.

프란체스카 로마나 로마니, 이유경 역, 《이슬람-고대 문명의 역사와 보물》, 생각의나무, 2008.

프랜시스 로빈슨 외, 손주영 외 역, 《사진과 그림으로 보는 케임브리지 이슬람사》, 시공사, 2002.

피터 프랭코판, 이재황 역, 《실크로드 세계사》, 책과함께, 2017.

하네다 마사시, 이수열 · 구지영 역,《동인도회사와 아시아의 바다》, 선인, 2012.

한길홍 외,《도자조형예술》, 마진사, 2009.

한성백제박물관 편,《청자의 길-동아시아에서 세계로》, 서울책방, 2016.

한일공통역사교재 제작팀,《조선통신사》, 한길사, 2005.

허두영, 〈웨지우드-나는 사람도 형제도 아닙니까?〉,《과학과 기술》557, 한국과학기술
　　단체총연합회, 2015.

호연,《도자기-마음을 담은 그릇》, 애니북스, 2008.

황윤 · 김준성,《중국 청화자기-대륙의 역사와 문화를 담는 그릇》, 생각의나무, 2010.

도판 목록